PREFACIO

La colección de guías de conversación para viajar "Todo irá bien" publicada por T&P Books está diseñada para personas que viajan al extranjero para turismo y negocios. Las guías contienen lo más importante - los elementos esenciales para una comunicación básica.Éste es un conjunto de frases imprescindibles para "sobrevivir" mientras está en el extranjero.

Esta guía de conversación le ayudará en la mayoría de los casos donde usted necesite pedir algo, conseguir direcciones, saber cuánto cuesta algo, etc. Puede también resolver situaciones difíciles de la comunicación donde los gestos no pueden ayudar.

Este libro contiene una gran cantidad de frases que han sido agrupadas según los temas más relevantes. Esta edición también incluye un pequeño vocabulario que contiene alrededor de 3.000 de las palabras más frecuentemente usadas.Otra sección de la guía proporciona un glosario gastronómico que le puede ayudar a pedir los alimentos en un restaurante o a comprar comestibles en la tienda.

Llévese la guía de conversación "Todo irá bien" en el camino y tendrá una insustituible compañera de viaje que le ayudará a salir de cualquier situación y le enseñará a no temer hablar con extranjeros.

TABLA DE CONTENIDOS

T&P Books Publishing

T&P Books Publishing

GUÍA DE CONVERSACIÓN

– UCRANIANO –

Andrey Taranov

LAS PALABRAS Y LAS FRASES MÁS ÚTILES

Esta Guía de Conversación contiene las frases y las preguntas más comunes necesitadas para una comunicación básica con extranjeros

T&P BOOKS

Guía de conversación + diccionario de 3000 palabras

Guía de conversación Español-Ucraniano y vocabulario temático de 3000 palabras

por Andrey Taranov

La colección de guías de conversación para viajar "Todo irá bien" publicada por T&P Books está diseñada para personas que viajan al extranjero para turismo y negocios. Las guías contienen lo más importante - los elementos esenciales para una comunicación básica. Éste es un conjunto de frases imprescindibles para "sobrevivir" mientras está en el extranjero.

Este libro también incluye un pequeño vocabulario temático que contiene alrededor de 3.000 de las palabras más frecuentemente usadas. Otra sección de la guía proporciona un glosario gastronómico que le puede ayudar a pedir los alimentos en un restaurante o a comprar comestibles en la tienda.

T&P Books Publishing
www.tpbooks.com

ISBN: 978-1-78616-913-6

Este libro está disponible en formato electrónico o de E-Book también.
Visite www.tpbooks.com o las librerías electrónicas más destacadas en la Red.

PRONUNCIACIÓN

La letra	Ejemplo ucraniano	T&P alfabeto fonético	Ejemplo español

Las vocales

La letra	Ejemplo ucraniano	T&P alfabeto fonético	Ejemplo español
А а	акт	[a]	radio
Е е	берет	[e], [ɛ]	princesa
Є є	модельєр	[ɛ]	mes
И и	ритм	[k]	charco
І і	компанія	[i]	ilegal
Ї ї	поїзд	[ji]	gallina
О о	око	[ɔ]	costa
У у	буря	[u]	mundo
Ю ю	костюм	[ʲu]	lluvia
Я я	маяк	[ja], [ʲa]	cambiar

Las consonantes

La letra	Ejemplo ucraniano	T&P alfabeto fonético	Ejemplo español
Б б	бездна	[b]	en barco
В в	вікно	[w]	acuerdo
Г г	готель	[ɦ]	amigo, magnífico
Ґ ґ	ґудзик	[g]	jugada
Д д	дефіс	[d]	desierto
Ж ж	жанр	[ʒ]	adyacente
З з	зброя	[z]	desde
Й й	йти	[j]	asiento
К к	крок	[k]	charco
Л л	лев	[l]	lira
М м	мати	[m]	nombre
Н н	назва	[n]	número
П п	приз	[p]	precio
Р р	радість	[r]	era, alfombra
С с	сон	[s]	salva
Т т	тир	[t]	torre
Ф ф	фарба	[f]	golf
Х х	холод	[h]	registro
Ц ц	церква	[ts]	tsunami
Ч ч	час	[ʧ]	mapache

La letra	Ejemplo ucraniano	T&P alfabeto fonético	Ejemplo español
Ш ш	шуба	[ʃ]	shopping
Щ щ	щука	[ɕ]	China
ь	камінь	[ʲ]	signo blando, no tiene sonido
ъ	ім'я	[ʼ]	signo duro, no tiene sonido

LISTA DE ABREVIATURAS

Abreviatura en español

adj	-	adjetivo
adv	-	adverbio
anim.	-	animado
conj	-	conjunción
etc.	-	etcétera
f	-	sustantivo femenino
f pl	-	femenino plural
fam.	-	uso familiar
fem.	-	femenino
form.	-	uso formal
inanim.	-	inanimado
innum.	-	innumerable
m	-	sustantivo masculino
m pl	-	masculino plural
m, f	-	masculino, femenino
masc.	-	masculino
mat	-	matemáticas
mil.	-	militar
num.	-	numerable
p.ej.	-	por ejemplo
pl	-	plural
pron	-	pronombre
sg	-	singular
v aux	-	verbo auxiliar
vi	-	verbo intransitivo
vi, vt	-	verbo intransitivo, verbo transitivo
vr	-	verbo reflexivo
vt	-	verbo transitivo

Abreviatura en ucraniano

ж	-	sustantivo femenino
мн	-	plural
с		neutro
ч	-	sustantivo masculino

T&P BOOKS

GUÍA DE CONVERSACIÓN UCRANIANO

Esta sección contiene frases importantes que pueden resultar útiles en varias situaciones de la vida real. La Guía le ayudará a pedir direcciones, aclaración sobre precio, comprar billetes, y pedir alimentos en un restaurante

T&P Books Publishing

CONTENIDO DE LA GUÍA DE CONVERSACIÓN

T&P Books Publishing

Lo más imprescindible

Perdone, …	**Вибачте, …** ['wibatʃtɛ, …]
Hola.	**Добрий день.** ['dɔbrij dɛnʲ.]
Gracias.	**Дякую.** ['dʲakuʲu.]

Sí.	**Так.** [tak.]
No.	**Ні.** [ɲi.]
No lo sé.	**Я не знаю.** [ja nɛ 'znaʲu.]
¿Dónde? | ¿A dónde? | ¿Cuándo?	**Де? | Куди? | Коли?** [dɛ? | ku'di? | ko'li?]

Necesito …	**Мені потрібен …** [mɛ'ni po'tribɛn …]
Quiero …	**Я хочу …** [ja 'hɔtʃu …]
¿Tiene …?	**У вас є …?** [u was 'ɛ …?]
¿Hay … por aquí?	**Тут є …?** [tut ɛ …?]
¿Puedo …?	**Чи можна мені …?** [tʃi 'mɔʒna mɛ'ni …?]
…, por favor? (petición educada)	**Будь ласка** [budʲ 'laska]

Busco …	**Я шукаю …** [ja ʃu'kaʲu …]
el servicio	**туалет** [tua'lɛt]
un cajero automático	**банкомат** [banko'mat]
una farmacia	**аптеку** [ap'tɛku]
el hospital	**лікарню** [li'karnʲu]

la comisaría	**поліцейську дільницю** [poli'tsɛjsʲku dilʲ'nitsʲu]
el metro	**метро** [mɛt'rɔ]

un taxi	**таксі** [tak'si]
la estación de tren	**вокзал** [wok'zal]

Me llamo …	**Мене звуть ...** [mɛ'nɛ zwutʲ …]
¿Cómo se llama?	**Як вас звуть?** [jak was 'zwutʲ?]
¿Puede ayudarme, por favor?	**Допоможіть мені, будь ласка.** [dopomo'ʒitʲ mɛ'ni, budʲ 'laska.]
Tengo un problema.	**У мене проблема.** [u 'mɛnɛ prob'lɛma.]
Me encuentro mal.	**Мені погано.** [mɛ'ni po'ɦano.]
¡Llame a una ambulancia!	**Викличте швидку!** ['wiklitʃtɛ ʃwid'ku!]
¿Puedo llamar, por favor?	**Чи можна мені зателефонувати?** [tʃi 'mɔʒna mɛ'ni zatɛlɛfonu'wati?]

Lo siento.	**Прошу вибачення** ['prɔʃu 'wibatʃɛnʲa]
De nada.	**Прошу** ['prɔʃu]

Yo	**я** [ja]
tú	**ти** [ti]
él	**він** [win]
ella	**вона** [wo'na]
ellos	**вони** [wo'ni]
ellas	**вони** [wo'ni]
nosotros /nosotras/	**ми** [mi]
ustedes, vosotros	**ви** [wi]
usted	**Ви** [wi]

ENTRADA	**ВХІД** [whid]
SALIDA	**ВИХІД** ['wihid]
FUERA DE SERVICIO	**НЕ ПРАЦЮЄ** [nɛ pra'tsʲuɛ]
CERRADO	**ЗАКРИТО** [za'krito]

ABIERTO	**ВІДКРИТО** [wid'krito]
PARA SEÑORAS	**ДЛЯ ЖІНОК** [dlʲa ʒi'nɔk]
PARA CABALLEROS	**ДЛЯ ЧОЛОВІКІВ** [dlʲa t͡ʃolowi'kiw]

Preguntas

¿Dónde?	**Де?** [dɛ?]
¿A dónde?	**Куди?** [ku'di?]
¿De dónde?	**Звідки?** ['zwidki?]
¿Por qué?	**Чому?** [ʧo'mu?]
¿Con que razón?	**Навіщо?** [na'wiɕo?]
¿Cuándo?	**Коли?** [ko'li?]

¿Cuánto tiempo?	**Скільки часу?** ['skilʲki 'ʧasu?]
¿A qué hora?	**О котрій?** [o kot'rij?]
¿Cuánto?	**Скільки коштує?** ['skilʲki 'koʃtuɛ?]
¿Tiene ...?	**У вас є ...?** [u was 'ɛ ...?]
¿Dónde está ...?	**Де знаходиться ...?** [dɛ zna'hoditʲsʲa ...?]

¿Qué hora es?	**Котра година?** [ko'tra ɦo'dina?]
¿Puedo llamar, por favor?	**Чи можна мені зателефонувати?** [ʧi 'moʒna mɛ'ni zatɛlɛfonu'wati?]
¿Quién es?	**Хто там?** [hto tam?]
¿Se puede fumar aquí?	**Чи можна мені тут палити?** [ʧi 'moʒna mɛ'ni tut pa'liti?]
¿Puedo ...?	**Чи можна мені ...?** [ʧi 'moʒna mɛ'ni ...?]

Necesidades

Quisiera …	**Я б хотів /хотіла/ …** [ja b ho'tiw /ho'tila/ …]
No quiero …	**Я не хочу …** [ja nɛ 'hɔʧu …]
Tengo sed.	**Я хочу пити.** [ja 'hɔʧu 'piti.]
Tengo sueño.	**Я хочу спати.** [ja 'hɔʧu 'spati.]

Quiero …	**Я хочу …** [ja 'hɔʧu …]
lavarme	**вмитися** ['wmitisʲa]
cepillarme los dientes	**почистити зуби** [po'ʧistiti 'zubi]
descansar un momento	**трохи відпочити** ['trɔhi widpo'ʧiti]
cambiarme de ropa	**переодягнутися** [pɛrɛodʲaɦ'nutisʲa]

volver al hotel	**повернутися в готель** [powɛr'nutisʲa w ho'tɛlʲ]
comprar …	**купити …** [ku'piti …]
ir a …	**з'їздити в …** ['zʲizditi w …]
visitar …	**відвідати …** [wid'widati …]
quedar con …	**зустрітися з …** [zust'ritisʲa z …]
hacer una llamada	**зателефонувати** [zatɛlɛfonu'wati]

Estoy cansado /cansada/.	**Я втомився /втомилася/.** [ja wto'miwsʲa /wto'milasʲa/.]
Estamos cansados /cansadas/.	**Ми втомилися.** [mi wto'milisʲa.]
Tengo frío.	**Мені холодно.** [mɛ'ni 'hɔlodno.]
Tengo calor.	**Мені спекотно.** [mɛ'ni spɛ'kɔtno.]
Estoy bien.	**Мені нормально.** [mɛ'ni nor'malʲno.]

Tengo que hacer una llamada.	**Мені треба зателефонувати.** [mɛ'ni 'trɛba zatɛlɛfonu'watɨ.]
Necesito ir al servicio.	**Мені треба в туалет.** [mɛ'ni 'trɛba w tua'lɛt.]
Me tengo que ir.	**Мені вже час.** [mɛ'ni wʒɛ ʧas.]
Me tengo que ir ahora.	**Мушу вже йти.** ['muʃu wʒɛ jtɨ.]

Preguntar por direcciones

Perdone, …	**Вибачте, …** ['wibatʃtɛ, …]
¿Dónde está …?	**Де знаходиться …?** [dɛ zna'hɔditʲsʲa …?]
¿Por dónde está …?	**В якому напрямку знаходиться …?** [w ja'kɔmu 'naprʲamku zna'hɔditʲsʲa …?]
¿Puede ayudarme, por favor?	**Допоможіть мені, будь ласка.** [dopomo'ʒitʲ mɛ'ni, budʲ 'laska.]

Busco …	**Я шукаю …** [ja ʃu'kaʲu …]
Busco la salida.	**Я шукаю вихід.** [ja ʃu'kaʲu 'wihid.]
Voy a …	**Я їду в …** [ja 'idu w …]
¿Voy bien por aquí para …?	**Чи правильно я йду …?** [tʃi 'prawilʲno ja jdu …?]

¿Está lejos?	**Це далеко?** [tsɛ da'lɛko?]
¿Puedo llegar a pie?	**Чи дійду я туди пішки?** [tʃi dij'du ja tu'dɪ 'piʃki?]
¿Puede mostrarme en el mapa?	**Покажіть мені на карті, будь ласка.** [poka'ʒitʲ mɛ'ni na 'karti, budʲ 'laska.]
Por favor muestreme dónde estamos.	**Покажіть, де ми зараз.** [poka'ʒitʲ, dɛ mɪ 'zaraz.]

Aquí	**Тут** [tut]
Allí	**Там** [tam]
Por aquí	**Сюди** [sʲu'dɪ]

Gire a la derecha.	**Поверніть направо.** [powɛr'nitʲ na'prawo.]
Gire a la izquierda.	**Поверніть наліво.** [powɛr'nitʲ na'liwo.]
la primera (segunda, tercera) calle	**перший (другий, третій) поворот** ['pɛrʃij ('druhij, 'trɛtij) powo'rɔt]
a la derecha	**направо** [na'prawo]

a la izquierda

наліво
[na'liwo]

Siga recto.

Ідіть прямо.
[i'ditʲ 'prʲamo.]

Carteles

¡BIENVENIDO!
ЛАСКАВО ПРОСИМО
[las'kawo 'prɔsimo]

ENTRADA
ВХІД
[whid]

SALIDA
ВИХІД
['wihid]

EMPUJAR
ВІД СЕБЕ
[wid 'sɛbɛ]

TIRAR
ДО СЕБЕ
[do 'sɛbɛ]

ABIERTO
ВІДКРИТО
[wid'krito]

CERRADO
ЗАКРИТО
[za'krito]

PARA SEÑORAS
ДЛЯ ЖІНОК
[dlʲa ʒi'nɔk]

PARA CABALLEROS
ДЛЯ ЧОЛОВІКІВ
[dlʲa tʃolowi'kiw]

CABALLEROS
ЧОЛОВІЧИЙ ТУАЛЕТ
[tʃolo'witʃij tua'lɛt]

SEÑORAS
ЖІНОЧИЙ ТУАЛЕТ
[ʒi'nɔtʃij tua'lɛt]

REBAJAS
ЗНИЖКИ
['zniʒki]

VENTA
РОЗПРОДАЖ
[roz'prɔdaʒ]

GRATIS
БЕЗКОШТОВНО
[bɛzkoʃ'towno]

¡NUEVO!
НОВИНКА!
[no'winka!]

ATENCIÓN
УВАГА!
[u'waɦa!]

COMPLETO
МІСЦЬ НЕМАЄ
[misʦ nɛ'maɛ]

RESERVADO
ЗАРЕЗЕРВОВАНО
[zarɛzɛr'wɔwano]

ADMINISTRACIÓN
АДМІНІСТРАЦІЯ
[admini'straʦiʲa]

SÓLO PERSONAL AUTORIZADO
ТІЛЬКИ ДЛЯ ПЕРСОНАЛУ
['tilʲki dlʲa pɛrso'nalu]

CUIDADO CON EL PERRO	**ЗЛИЙ СОБАКА** [zlij so'baka]
NO FUMAR	**НЕ ПАЛИТИ!** [nɛ pa'liti!]
NO TOCAR	**РУКАМИ НЕ ТОРКАТИСЯ!** [ru'kami nɛ tor'katisʲa!]
PELIGROSO	**НЕБЕЗПЕЧНО** [nɛbɛz'pɛʧno]
PELIGRO	**НЕБЕЗПЕКА** [nɛbɛz'pɛka]
ALTA TENSIÓN	**ВИСОКА НАПРУГА** [wi'sɔka na'pruɦa]
PROHIBIDO BAÑARSE	**КУПАТИСЯ ЗАБОРОНЕНО** [ku'patisʲa zabo'rɔnɛno]
FUERA DE SERVICIO	**НЕ ПРАЦЮЄ** [nɛ pra'ʦʲuɛ]
INFLAMABLE	**ВОГНЕНЕБЕЗПЕЧНО** ['woɦnɛ nɛbɛz'pɛʧno]
PROHIBIDO	**ЗАБОРОНЕНО** [zabo'rɔnɛno]
PROHIBIDO EL PASO	**ПРОХІД ЗАБОРОНЕНИЙ** [pro'hid zabo'rɔnɛnij]
RECIÉN PINTADO	**ПОФАРБОВАНО** [pofar'bɔwano]
CERRADO POR RENOVACIÓN	**ЗАКРИТО НА РЕМОНТ** [za'krito na rɛ'mɔnt]
EN OBRAS	**РЕМОНТНІ РОБОТИ** [rɛ'mɔntni ro'bɔti]
DESVÍO	**ОБ'ЇЗД** [ob"'izd]

Transporte. Frases generales

el avión	**літак** [li'tak]
el tren	**поїзд** ['pɔizd]
el bus	**автобус** [aw'tɔbus]
el ferry	**пором** [po'rɔm]
el taxi	**таксі** [tak'si]
el coche	**автомобіль** [awtomo'biliʲ]

el horario	**розклад** ['rɔzklad]
¿Dónde puedo ver el horario?	**Де можна подивитися розклад?** [dɛ 'mɔʒna podiʲwitisʲa 'rɔzklad?]
días laborables	**робочі дні** [ro'bɔʧi dni]
fines de semana	**вихідні дні** [wіhid'ni dni]
días festivos	**святкові дні** [swʲat'kɔwi dni]

SALIDA	**ВІДПРАВЛЕННЯ** [wid'prawlɛnʲa]
LLEGADA	**ПРИБУТТЯ** [pribut'tʲa]
RETRASADO	**ЗАТРИМУЄТЬСЯ** [za'trimuɛtʲsʲa]
CANCELADO	**ВІДМІНЕНИЙ** [wid'minɛnij]

siguiente (tren, etc.)	**наступний** [na'stupnij]
primero	**перший** ['pɛrʃij]
último	**останній** [os'tanij]

¿Cuándo pasa el siguiente ...?	**Коли буде наступний ...?** [ko'li 'budɛ na'stupnij ...?]
¿Cuándo pasa el primer ...?	**Коли відправляється перший ...?** [ko'li widpraw'lʲaɛtʲsʲa 'pɛrʃij ...?]

¿Cuándo pasa el último …?

Коли відправляється останній …?
[ko'li widpraw'l'aɛt's'a os'tanij …?]

el trasbordo (cambio de trenes, etc.)

пересадка
[pɛrɛ'sadka]

hacer un trasbordo

зробити пересадку
[zro'biti pɛrɛ'sadku]

¿Tengo que hacer un trasbordo?

Чи потрібно мені робити пересадку?
[t͡ʃi pot'ribno mɛ'ni ro'biti pɛrɛ'sadku?]

Comprar billetes

¿Dónde puedo comprar un billete?
Де я можу купити квитки?
[dɛ ja 'mɔʒu ku'piti kwit'ki?]

el billete
квиток
[kwɨ'tɔk]

comprar un billete
купити квиток
[ku'piti kwɨ'tɔk]

precio del billete
вартість квитка
['wartistʲ kwit'ka]

¿Para dónde?
Куди?
[ku'di?]

¿A qué estación?
До якої станції?
[do ja'kɔi 'stantsii?]

Necesito …
Мені потрібно …
[mɛ'ni po'tribno …]

un billete
один квиток
[o'din kwɨ'tɔk]

dos billetes
два квитки
[dwa kwit'ki]

tres billetes
три квитки
[tri kwit'ki]

---

sólo ida
в один кінець
[w o'din ki'nɛts]

ida y vuelta
туди і назад
[tu'di i na'zad]

en primera (primera clase)
перший клас
['pɛrʃij klas]

en segunda (segunda clase)
другий клас
['druɦij klas]

---

hoy
сьогодні
[sʲo'ɦɔdni]

mañana
завтра
['zawtra]

pasado mañana
післязавтра
[pislʲa'zawtra]

por la mañana
вранці
['wrantsi]

por la tarde
вдень
['wdɛnʲ]

por la noche
ввечері
['wvɛtʃɛri]

asiento de pasillo

місце біля проходу
['mistsɛ 'biĺa pro'hɔdu]

asiento de ventanilla

місце біля вікна
['mistsɛ 'biĺa wik'na]

¿Cuánto cuesta?

Скільки?
['skiĺki?]

¿Puedo pagar con tarjeta?

Чи можу я заплатити карткою?
[ʧi 'mɔʒu ja zapla'titi 'kartkoĺu?]

Autobús

el autobús	автобус
	[aw'tɔbus]
el autobús interurbano	міжміський автобус
	[miʒmisʲ'kij aw'tɔbus]
la parada de autobús	автобусна зупинка
	[aw'tɔbusna zu'pɨnka]
¿Dónde está la parada de autobuses más cercana?	Де найближча автобусна зупинка?
	[dɛ najb'lɨʒʧa aw'tɔbusna zu'pɨnka?]

número	номер
	['nɔmɛr]
¿Qué autobús tengo que tomar para ...?	Який автобус їде до ...?
	[ja'kij aw'tɔbus 'idɛ do ...?]
¿Este autobús va a ...?	Цей автобус їде до ...?
	[ʦɛj aw'tɔbus 'idɛ do ...?]
¿Cada cuanto pasa el autobús?	Як часто ходять автобуси?
	[jak 'ʧasto 'hɔdʲatʲ aw'tɔbusɨ?]

cada 15 minutos	кожні 15 хвилин
	['kɔʒni pʲjat'nadʦʲatʲ hwɨ'lin]
cada media hora	щопівгодини
	[ɕopiwɦo'dɨnɨ]
cada hora	щогодини
	[ɕoɦo'dɨnɨ]
varias veces al día	кілька разів на день
	['kilʲka ra'ziw na dɛnʲ]
... veces al día	... разів на день
	[... ra'ziw na 'dɛnʲ]

el horario	розклад
	['rɔzklad]
¿Dónde puedo ver el horario?	Де можна подивитися розклад?
	[dɛ 'mɔʒna podɨ'wɨtɨsʲa 'rɔzklad?]
¿Cuándo pasa el siguiente autobús?	Коли буде наступний автобус?
	[ko'lɨ 'budɛ na'stupnɨj aw'tɔbus?]
¿Cuándo pasa el primer autobús?	Коли відправляється перший автобус?
	[ko'lɨ widpraw'lʲaɛtʲsʲa 'pɛrʃɨj aw'tɔbus?]
¿Cuándo pasa el último autobús?	Коли їде останній автобус?
	[ko'lɨ 'idɛ os'tanij aw'tɔbus?]
la parada	зупинка
	[zu'pɨnka]

la siguiente parada

наступна зупинка
[na'stupna zu'pinka]

la última parada

кінцева зупинка
[kin'ʦɛwa zu'pinka]

Pare aquí, por favor.

Зупиніть тут, будь ласка.
[zupi'nitⁱ tut, budʲ 'laska.]

Perdone, esta es mi parada.

Дозвольте, це моя зупинка.
[doz'wɔlʲtɛ, ʦɛ moʲa zu'pinka.]

Tren

el tren	**поїзд** ['pɔizd]
el tren de cercanías	**приміський поїзд** [primisʲˈkij 'pɔizd]
el tren de larga distancia	**поїзд далекого прямування** ['pɔizd daˈlɛkoɦo prʲamuˈwanʲa]
la estación de tren	**вокзал** [wokˈzal]
Perdone, ¿dónde está la salida al anden?	**Вибачте, де вихід до поїздів?** ['wibatʃtɛ, dɛ 'wihid do poizˈdiw?]

¿Este tren va a ...?	**Цей поїзд їде до ...?** [ʦɛj 'pɔizd 'idɛ do ...?]
el siguiente tren	**наступний поїзд** [naˈstupnij 'pɔizd]
¿Cuándo pasa el siguiente tren?	**Коли буде наступний поїзд?** [koˈlɨ 'budɛ naˈstupnij 'pɔizd?]
¿Dónde puedo ver el horario?	**Де можна подивитися розклад?** [dɛ 'mɔʒna podiˈwitisʲa 'rɔzklad?]
¿De qué andén?	**З якої платформи?** [z jaˈkɔi platˈfɔrmi?]
¿Cuándo llega el tren a ...?	**Коли поїзд прибуває в ...?** [koˈlɨ 'pɔizd priˈbuwaɛ w ...?]

Ayudeme, por favor.	**Допоможіть мені, будь ласка.** [dopoˈmɔʒitʲ mɛ'ni, budʲ 'laska.]
Busco mi asiento.	**Я шукаю своє місце.** [ja ʃuˈkaʲu swoˈɛ 'mistsɛ.]
Buscamos nuestros asientos.	**Ми шукаємо наші місця.** [mɨ ʃuˈkaɛmo 'naʃi mis'tsʲa.]
Mi asiento está ocupado.	**Моє місце зайняте.** [moˈɛ 'mistsɛ 'zajnʲatɛ.]
Nuestros asientos están ocupados.	**Наші місця зайняті.** ['naʃi mis'tsʲa 'zajnʲati.]

Perdone, pero ese es mi asiento.	**Вибачте, будь ласка, але це** **моє місце.** ['wibatʃtɛ, budʲ 'laska, a'lɛ ʦɛ moˈɛ 'mistsɛ.]
¿Está libre?	**Це місце вільне?** [ʦɛ 'mistsɛ 'wilʲnɛ?]
¿Puedo sentarme aquí?	**Можна мені тут сісти?** ['mɔʒna mɛ'ni tut 'sisti?]

En el tren. Diálogo (Sin billete)

Su billete, por favor.

Ваш квиток, будь ласка.
[waʃ kwi'tɔk, budʲ 'laska.]

No tengo billete.

У мене немає квитка.
[u 'mɛnɛ nɛ'maɛ kwit'ka.]

He perdido mi billete.

Я загубив /загубила/ свій квиток.
[ja zaɦu'biw /zaɦu'bɪla/ swij kwi'tɔk.]

He olvidado mi billete en casa.

Я забув /забула/ квиток вдома.
[ja za'buw /za'bula/ kwi'tɔk 'wdoma.]

Le puedo vender un billete.

Ви можете купити квиток у мене.
[wi 'mɔʒɛtɛ ku'piti kwi'tɔk u 'mɛnɛ.]

También deberá pagar una multa.

Вам ще доведеться заплатити штраф.
[wam ɕɛ dowɛ'dɛtʲsʲa zapla'titi ʃtraf.]

Vale.

Добре.
['dɔbrɛ.]

¿A dónde va usted?

Куди ви їдете?
[ku'dɪ wi 'idɛtɛ?]

Voy a …

Я їду до …
[ja 'idu do …]

¿Cuánto es? No lo entiendo.

Скільки? Я не розумію.
['skilʲki? ja nɛ rozu'mʲiu.]

Escríbalo, por favor.

Напишіть, будь ласка.
[napi'ʃitʲ, budʲ 'laska.]

Vale. ¿Puedo pagar con tarjeta?

Добре. Чи можу я заплатити карткою?
['dɔbrɛ. ʧi 'mɔʒu ja zapla'titi 'kartkoʲu?]

Sí, puede.

Так, можете.
[tak, 'mɔʒɛtɛ.]

Aquí está su recibo.

Ось ваша квитанція.
[osʲ 'waʃa kwi'tantsiʲa.]

Disculpe por la multa.

Шкодую про штраф.
[ʃko'duʲu pro 'ʃtraf.]

No pasa nada. Fue culpa mía.

Це нічого. Це моя вина.
[ʦɛ ni'ʧoɦo ʦɛ mo'ʲa wi'na.]

Disfrute su viaje.

Приємної вам поїздки.
[pri'ɛmnoi wam po'izdki.]

Taxi

taxi	**таксі** [tak'si]
taxista	**таксист** [tak'sist]
coger un taxi	**зловити таксі** [zlo'witi tak'si]
parada de taxis	**стоянка таксі** [sto'ʲanka tak'si]
¿Dónde puedo coger un taxi?	**Де я можу взяти таксі?** [dɛ ja 'mɔʒu 'wzʲati tak'si?]
llamar a un taxi	**викликати таксі** ['wiklikati tak'si]
Necesito un taxi.	**Мені потрібно таксі.** [mɛ'ni po'tribno tak'si.]
Ahora mismo.	**Просто зараз.** ['prɔsto 'zaraz.]
¿Cuál es su dirección?	**Ваша адреса?** ['waʃa ad'rɛsa?]
Mi dirección es …	**Моя адреса …** [mo'ʲa ad'rɛsa …]
¿Cuál es el destino?	**Куди ви поїдете?** [ku'dɨ wɨ po'idɛtɛ?]
Perdone, …	**Вибачте, …** ['wɨbatʃtɛ, …]
¿Está libre?	**Ви вільні?** [wɨ 'wilʲni?]
¿Cuánto cuesta ir a …?	**Скільки коштує доїхати до …?** ['skilʲki 'kɔʃtuɛ do'ihati do …?]
¿Sabe usted dónde está?	**Ви знаєте, де це?** [wɨ 'znaɛtɛ, dɛ ʦɛ?]
Al aeropuerto, por favor.	**В аеропорт, будь ласка.** [w aɛro'pɔrt, budʲ 'laska.]
Pare aquí, por favor.	**Зупиніться тут, будь ласка.** [zupi'nitʲsʲa tut, budʲ 'laska.]
No es aquí.	**Це не тут.** [ʦɛ nɛ tut.]
La dirección no es correcta.	**Це неправильна адреса.** [ʦɛ nɛ'prawilʲna ad'rɛsa.]
Gire a la izquierda.	**Зараз наліво.** ['zaraz na'liwo.]
Gire a la derecha.	**Зараз направо.** ['zaraz na'prawo.]

¿Cuánto le debo?

Скільки я вам винен /винна/?
['skilʲki ja wam 'winɛn /'wina/?]

¿Me da un recibo, por favor?

Дайте мені чек, будь ласка.
['dajtɛ mɛ'ni ʧɛk, budʲ 'laska.]

Quédese con el cambio.

Здачі не треба.
['zdaʧi nɛ 'trɛba.]

Espéreme, por favor.

Зачекайте мене, будь ласка.
[zaʧɛ'kajtɛ mɛ'nɛ, budʲ 'laska.]

cinco minutos

5 хвилин
['pʲatʲ hwi'lin]

diez minutos

10 хвилин
['dɛsʲatʲ hwi'lin]

quince minutos

15 хвилин
[pʲat'nadtsʲatʲ hwi'lin]

veinte minutos

20 хвилин
['dwadtsʲatʲ hwi'lin]

media hora

півгодини
[piwɦo'dini]

Hotel

Hola.	**Добрий день.** ['dɔbrij dɛnʲ.]
Me llamo …	**Мене звуть …** [mɛ'nɛ zwutʲ …]
Tengo una reserva.	**Я резервував /резервувала/ номер.** [ja rɛzɛrwu'waw /rɛzɛrwu'wala/ 'nɔmɛr.]
Necesito …	**Мені потрібен …** [mɛ'ni po'tribɛn …]
una habitación individual	**одномісний номер** [odno'misnij 'nɔmɛr]
una habitación doble	**двомісний номер** [dwo'misnij 'nɔmɛr]
¿Cuánto cuesta?	**Скільки він коштує?** ['skilʲkɨ win 'kɔʃtuɛ?]
Es un poco caro.	**Це трохи дорого.** [tsɛ 'trɔhɨ 'dɔrofo.]
¿Tiene alguna más?	**У вас є ще що-небудь?** [u was 'ɛ ɕɛ ɕo-'nɛbudʲ?]
Me quedo.	**Я візьму його.** [ja wizʲ'mu ʲo'fɔ.]
Pagaré en efectivo.	**Я заплачу готівкою.** [ja zapla'tʃu fo'tiwkoʲu.]
Tengo un problema.	**У мене є проблема.** [u 'mɛnɛ ɛ prob'lɛma.]
Mi … está fuera de servicio.	**У мене не працює …** [u 'mɛnɛ nɛ pra'tsʲuɛ …]
televisión	**телевізор** [tɛlɛ'wizor]
aire acondicionado	**кондиціонер** [kondɨtsio'nɛr]
grifo	**кран** [kran]
ducha	**душ** [duʃ]
lavabo	**раковина** ['rakowina]
caja fuerte	**сейф** [sɛjf]
cerradura	**замок** [za'mɔk]

enchufe	**розетка** [ro'zɛtka]
secador de pelo	**фен** [fɛn]

No tengo …	**У мене немає …** [u 'mɛnɛ nɛ'maɛ …]
agua	**води** [wo'dɨ]
luz	**світла** ['switla]
electricidad	**електрики** [ɛ'lɛktrikɨ]

¿Me puede dar …?	**Чи не можете мені дати …?** [tʃi nɛ 'mɔʒɛtɛ mɛ'ni 'datɨ …?]
una toalla	**рушник** [ruʃ'nɨk]
una sábana	**ковдру** ['kɔwdru]
unas chanclas	**тапочки** ['tapotʃkɨ]
un albornoz	**халат** [ha'lat]
un champú	**шампунь** [ʃam'punʲ]
jabón	**мило** ['mɨlo]

Quisiera cambiar de habitación.	**Я б хотів /хотіла/ поміняти номер.** [ja b ho'tiw /ho'tila/ pomi'nʲatɨ 'nɔmɛr.]
No puedo encontrar mi llave.	**Я не можу знайти свій ключ.** [ja nɛ 'mɔʒu znaj'tɨ swij 'klʲutʃ.]
Por favor abra mi habitación.	**Відкрийте мій номер, будь ласка.** [wid'krijtɛ mij 'nɔmɛr, budʲ 'laska.]
¿Quién es?	**Хто там?** [hto tam?]
¡Entre!	**Заходьте!** [za'hɔdʲtɛ!]
¡Un momento!	**Одну хвилину!** [od'nu hwi'lɨnu!]
Ahora no, por favor.	**Будь ласка, не зараз.** [budʲ 'laska, nɛ 'zaraz.]

Venga a mi habitación, por favor.	**Зайдіть до мене, будь ласка.** [zaj'dіtʲ do 'mɛnɛ, budʲ 'laska.]
Quisiera hacer un pedido.	**Я хочу зробити замовлення їжі в номер.** [ja 'hɔtʃu zro'bɨtɨ za'mɔwlɛnʲja іʒі w 'nɔmɛr.]
Mi número de habitación es …	**Мій номер кімнати …** [mij 'nɔmɛr kim'natɨ …]

Me voy …	**Я їду …** [ja 'idu …]
Nos vamos …	**Ми їдемо …** [mɨ 'idɛmo …]
Ahora mismo	**зараз** ['zaraz]
esta tarde	**сьогодні після обіду** [sʲo'ɦɔdni 'pislʲa o'bidu]
esta noche	**сьогодні ввечері** [sʲo'ɦɔdni 'wvɛtʃɛri]
mañana	**завтра** ['zawtra]
mañana por la mañana	**завтра вранці** ['zawtra 'wrantsi]
mañana por la noche	**завтра ввечері** ['zawtra 'wvɛtʃɛri]
pasado mañana	**післязавтра** [pislʲa'zawtra]

Quisiera pagar la cuenta.	**Я б хотів /хотіла/ розрахуватися.** [ja b ho'tiw /ho'tila/ rozrahu'watisʲa.]
Todo ha estado estupendo.	**Все було чудово.** [wsɛ bu'lɔ tʃu'dɔwo.]
¿Dónde puedo coger un taxi?	**Де я можу взяти таксі?** [dɛ ja 'mɔʒu 'wzʲatɨ tak'si?]
¿Puede llamarme un taxi, por favor?	**Викличте мені таксі, будь ласка.** ['wiklitʃtɛ mɛ'ni tak'si, budʲ 'laska.]

Restaurante

¿Puedo ver el menú, por favor?
Чи можу я подивитися ваше меню?
[ʧi 'moʒu ja podi'witisʲa 'waʃɛ mɛ'nʲu?]

Mesa para uno.
Столик для одного.
['stɔlik dlʲa od'nɔho.]

Somos dos (tres, cuatro).
Нас двоє (троє, четверо).
[nas 'dwɔɛ ('trɔɛ, 'ʧɛtwɛro).]

Para fumadores
Для курців
[dlʲa kur'ʦiw]

Para no fumadores
Для некурців
[dlʲa nɛkur'ʦiw]

¡Por favor! (llamar al camarero)
Будьте ласкаві!
['budʲtɛ las'kawi!]

la carta
меню
[mɛ'nʲu]

la carta de vinos
карта вин
['karta win]

La carta, por favor.
Меню, будь ласка.
[mɛ'nʲu, budʲ 'laska.]

¿Está listo para pedir?
Ви готові зробити замовлення?
[wi ɦo'tɔwi zro'biti za'mowlɛnʲa?]

¿Qué quieren pedir?
Що ви будете замовляти?
[ɕo wi 'budɛtɛ zamow'lʲati?]

Yo quiero …
Я буду …
[ja 'budu …]

Soy vegetariano.
Я вегетаріанець /вегетаріанка/.
[ja wɛɦɛtari'anɛts /wɛɦɛtari'anka/.]

carne
м'ясо
['mʲaso]

pescado
риба
['riba]

verduras
овочі
['ɔwoʧi]

¿Tiene platos para vegetarianos?
У вас є вегетаріанські страви?
[u was 'ɛ wɛɦɛtari'ansʲki 'strawi?]

No como cerdo.
Я не їм свинину.
[ja nɛ im swi'ninu.]

Él /Ella/ no come carne.
Він /вона/ не їсть м'ясо.
[win /wo'na/ nɛ istʲ 'mʲaso.]

Soy alérgico a …
У мене алергія на …
[u 'mɛnɛ alɛr'ɦiʲa na …]

¿Me puede traer …, por favor?

Принесіть мені, будь ласка …
[prinɛ'sitʲ mɛ'ni, budʲ 'laska …]

sal | pimienta | azúcar

сіль | перець | цукор
[silʲ | 'pɛrɛts | 'tsukor]

café | té | postre

каву | чай | десерт
['kawu | tʃaj | dɛ'sɛrt]

agua | con gas | sin gas

воду | з газом | без газу
['wɔdu | z 'ɦazom | bɛz 'ɦazu]

una cuchara | un tenedor | un cuchillo

ложку | вилку | ніж
['lɔʒku | 'wɪlku | niʒ]

un plato | una servilleta

тарілку | серветку
[ta'rilku | sɛr'wɛtku]

¡Buen provecho!

Смачного!
[smatʃ'nɔɦo!]

Uno más, por favor.

Принесіть ще, будь ласка.
[prinɛ'sitʲ ɕɛ, budʲ 'laska.]

Estaba delicioso.

Було дуже смачно.
[bu'lɔ 'duʒɛ 'smatʃno.]

---

la cuenta | el cambio | la propina

рахунок | здача | чайові
[ra'hunok | 'zdatʃa | tʃaʲo'wi]

La cuenta, por favor.

Рахунок, будь ласка.
[ra'hunok, budʲ 'laska.]

¿Puedo pagar con tarjeta?

Чи можу я заплатити карткою?
[tʃɪ 'mɔʒu ja zapla'tɪtɪ 'kartkoʲu?]

Perdone, aquí hay un error.

Вибачте, тут помилка.
['wɪbatʃtɛ, tut po'mɪlka.]

De Compras

¿Puedo ayudarle?	**Чи можу я вам допомогти?** [tʃi 'mɔʒu ja wam dopomoɦ'ti?]
¿Tiene ...?	**У вас є ...?** [u was 'ɛ ...?]
Busco ...	**Я шукаю ...** [ja ʃu'kaʲu ...]
Necesito ...	**Мені потрібен ...** [mɛ'ni po'tribɛn ...]

Sólo estoy mirando.	**Я просто дивлюся.** [ja 'prɔsto 'diwlʲusʲa.]
Sólo estamos mirando.	**Ми просто дивимося.** [mɨ 'prɔsto 'diwimosʲa.]
Volveré más tarde.	**Я зайду пізніше.** [ja zaj'du piz'niʃɛ.]
Volveremos más tarde.	**Ми зайдемо пізніше.** [mɨ 'zajdɛmo piz'niʃɛ.]
descuentos | oferta	**знижки | розпродаж** ['zniʒki | roz'prɔdaʒ]

Por favor, enséñeme ...	**Покажіть мені, будь ласка ...** [poka'ʒitʲ mɛ'ni, budʲ 'laska ...]
¿Me puede dar ..., por favor?	**Дайте мені, будь ласка ...** ['dajtɛ mɛ'ni, budʲ 'laska ...]
¿Puedo probarmelo?	**Чи можна мені це приміряти?** [tʃi 'mɔʒna mɛ'ni tsɛ pri'mirʲati?]
Perdone, ¿dónde están los probadores?	**Вибачте, де примірювальна?** ['wibatʃtɛ, dɛ pri'mirʲuwalʲna?]
¿Qué color le gustaría?	**Який колір ви хочете?** [ja'kij 'kɔlir wi 'hɔtʃɛtɛ?]
la talla | el largo	**розмір | зріст** ['rozmir | zrist]
¿Cómo le queda? (¿Está bien?)	**Підійшло?** [pidij'ʃlɔ?]

¿Cuánto cuesta esto?	**Скільки це коштує?** ['skilʲki tsɛ 'kɔʃtuɛ?]
Es muy caro.	**Це занадто дорого.** [tsɛ za'nadto 'dɔroɦo.]
Me lo llevo.	**Я візьму це.** [ja wizʲ'mu tsɛ.]
Perdone, ¿dónde está la caja?	**Вибачте, де каса?** ['wibatʃtɛ, dɛ 'kasa?]

¿Pagará en efectivo o con tarjeta?

Як ви будете платити? Готівкою чи кредиткою?
[jak wi 'budɛtɛ pla'titi? ɦo'tiwkoʲu ʧi krɛ'ditkoʲu?]

en efectivo | con tarjeta

готівкою | карткою
[ɦo'tiwkoʲu | 'kartkoʲu]

¿Quiere el recibo?

Вам потрібен чек?
[wam po'tribɛn ʧɛk?]

Sí, por favor.

Так, будьте ласкаві.
[tak, 'budʲtɛ las'kawi.]

No, gracias.

Ні, не потрібно. Дякую.
[ni, nɛ po'tribno. 'dʲakuʲu.]

Gracias. ¡Que tenga un buen día!

Дякую. На все добре!
['dʲakuʲu. na wsɛ 'dɔbrɛ.]

En la ciudad

Perdone, por favor.	**Вибачте, будь ласка ...** ['wibaʧtɛ, budʲ 'laska ...]
Busco ...	**Я шукаю ...** [ja ʃu'kaʲu ...]
el metro	**метро** [mɛt'rɔ]
mi hotel	**свій готель** [swij ɦo'tɛlʲ]

el cine	**кінотеатр** [kinotɛ'atr]
una parada de taxis	**стоянку таксі** [sto'ʲanku tak'si]
un cajero automático	**банкомат** [banko'mat]
una oficina de cambio	**обмін валют** ['ɔbmin wa'lʲut]

un cibercafé	**інтернет-кафе** [intɛr'nɛt-ka'fɛ]
la calle ...	**вулицю ...** ['wulitsʲu ...]
este lugar	**ось це місце** [osʲ ʦɛ 'misʦɛ]

¿Sabe usted dónde está ...?	**Чи не знаєте Ви, де знаходиться ...?** [ʧi nɛ 'znaɛtɛ wi, dɛ zna'ɦoditʲsʲa ...?]
¿Cómo se llama esta calle?	**Як називається ця вулиця?** [jak nazi'waɛtʲsʲa tsʲa 'wulitsʲa?]
Muestreme dónde estamos ahora.	**Покажіть, де ми зараз.** [poka'ʒitʲ, dɛ mi 'zaraz.]
¿Puedo llegar a pie?	**Я дійду туди пішки?** [ja dij'du tu'di 'piʃki?]
¿Tiene un mapa de la ciudad?	**У вас є карта міста?** [u was 'ɛ 'karta 'mista?]

¿Cuánto cuesta la entrada?	**Скільки коштує вхідний квиток?** ['skilʲki 'koʃtuɛ whid'nij kwi'tok?]
¿Se pueden hacer fotos aquí?	**Чи можна тут фотографувати?** [ʧi 'moʒna tut fotoɦrafu'wati?]
¿Está abierto?	**Ви відкриті?** [wi widk'riti?]

¿A qué hora abren?

О котрій ви відкриваєтесь?
[o kot'rij wi widkri'waɛtɛsʲ?]

¿A qué hora cierran?

До котрої години ви працюєте?
[do ko'trɔi ɦo'dini wi pra'tsʲuɛtɛ?]

Dinero

dinero	**гроші** ['ɦrɔʃi]
efectivo	**готівкові гроші** [ɦotiw'kɔwi 'ɦrɔʃi]
billetes	**паперові гроші** [papɛ'rɔwi 'ɦrɔʃi]
monedas	**дрібні гроші** [drib'ni 'ɦrɔʃi]
la cuenta | el cambio | la propina	**рахунок | здача | чайові** [ra'ɦunok | 'zdatʃa | tʃaʲo'wi]
la tarjeta de crédito	**кредитна картка** [krɛ'ditna 'kartka]
la cartera	**гаманець** [ɦama'nɛʦ]
comprar	**купувати** [kupu'watiʲ]
pagar	**платити** [pla'titi]
la multa	**штраф** ['ʃtraf]
gratis	**безкоштовно** [bɛzkoʃ'tɔwno]
¿Dónde puedo comprar ...?	**Де я можу купити ...?** [dɛ ja 'mɔʒu ku'piti ...?]
¿Está el banco abierto ahora?	**Чи відкритий зараз банк?** [tʃi wid'kritiʲ 'zaraz bank?]
¿A qué hora abre?	**О котрій він відкривається?** [o kot'rij win widkri'waɛtʲsʲa?]
¿A qué hora cierra?	**До котрої години він працює?** [do ko'trɔi ɦo'dini win pra'ʦʲuɛ?]
¿Cuánto cuesta?	**Скільки?** ['skilʲki?]
¿Cuánto cuesta esto?	**Скільки це коштує?** ['skilʲki ʦɛ 'koʃtuɛ?]
Es muy caro.	**Це занадто дорого.** [ʦɛ za'nadto 'dɔroɦo.]
Perdone, ¿dónde está la caja?	**Вибачте, де каса?** ['wibatʃtɛ, dɛ 'kasa?]
La cuenta, por favor.	**Рахунок, будь ласка.** [ra'ɦunok, budʲ 'laska.]

¿Puedo pagar con tarjeta? | **Чи можу я заплатити карткою?**
[tʃi 'mɔʒu ja zapla'titi 'kartkoʲu?]

¿Hay un cajero por aquí? | **Тут є банкомат?**
[tut ɛ banko'mat?]

Busco un cajero automático. | **Мені потрібен банкомат.**
[mɛ'ni po'tribɛn banko'mat.]

Busco una oficina de cambio. | **Я шукаю обмін валют.**
[ja ʃu'kaʲu 'ɔbmin wa'lʲut.]

Quisiera cambiar … | **Я б хотів /хотіла/ поміняти …**
[ja b ho'tiw /ho'tila/ pomi'nʲati …]

¿Cuál es el tipo de cambio? | **Який курс обміну?**
[ja'kij kurs 'ɔbminu?]

¿Necesita mi pasaporte? | **Вам потрібен мій паспорт?**
[wam po'tribɛn mij 'pasport?]

Tiempo

¿Qué hora es?	**Котра година?** [ko'tra ɦo'dina?]
¿Cuándo?	**Коли?** [ko'li?]
¿A qué hora?	**О котрій?** [o kot'rij?]
ahora | luego | después de ...	**зараз | пізніше | після ...** ['zaraz | piz'niʃɛ | 'pisлʲa ...]
la una	**перша година дня** ['pɛrʃa ɦo'dina dnʲa]
la una y cuarto	**п'ятнадцять на другу** [pʲat'nadtsʲatʲ na 'druɦu]
la una y medio	**половина другої** [polo'wina 'druɦoi]
las dos menos cuarto	**за п'ятнадцять друга** [za pʲat'nattsʲatʲ 'druɦa]
una | dos | tres	**один | два | три** [o'din | dwa | tri]
cuatro | cinco | seis	**чотири | п'ять | шість** [tʃo'tiri | 'pʲatʲ | ʃistʲ]
siete | ocho | nueve	**сім | вісім | дев'ять** [sim | 'wisim | 'dɛwʲatʲ]
diez | once | doce	**десять | одинадцять | дванадцять** ['dɛsʲatʲ | odi'nadtsʲatʲ | dwa'nadtsʲatʲ]
en ...	**через ...** ['tʃɛrɛz ...]
cinco minutos	**5 хвилин** ['pʲatʲ hwi'lin]
diez minutos	**10 хвилин** ['dɛsʲatʲ hwi'lin]
quince minutos	**15 хвилин** [pʲat'nadtsʲatʲ hwi'lin]
veinte minutos	**20 хвилин** ['dwadtsʲatʲ hwi'lin]
media hora	**півгодини** [piwɦo'dini]
una hora	**одна година** [od'na ɦo'dina]
por la mañana	**вранці** ['wrantsi]

por la mañana temprano	**рано вранці** ['rano 'wranʦi]
esta mañana	**сьогодні вранці** [sʲo'ɦɔdni 'wranʦi]
mañana por la mañana	**завтра вранці** ['zawtra 'wranʦi]

al mediodía	**в обід** [w o'bid]
por la tarde	**після обіду** ['pislʲa o'bidu]
por la noche	**ввечері** ['wvɛʧɛri]
esta noche	**сьогодні ввечері** [sʲo'ɦɔdni 'wvɛʧɛri]

por la noche	**вночі** [wno'ʧi]
ayer	**вчора** ['wʧɔra]
hoy	**сьогодні** [sʲo'ɦɔdni]
mañana	**завтра** ['zawtra]
pasado mañana	**післязавтра** [pislʲa'zawtra]

¿Qué día es hoy?	**Який сьогодні день?** [ja'kij sʲo'ɦɔdni dɛnʲ?]
Es ...	**Сьогодні ...** [sʲo'ɦɔdni ...]
lunes	**понеділок** [ponɛ'dilok]
martes	**вівторок** [wiw'tɔrok]
miércoles	**середа** [sɛrɛ'da]

jueves	**четвер** [ʧɛt'wɛr]
viernes	**п'ятниця** ['pʲʲatniʦʲa]
sábado	**субота** [su'bɔta]
domingo	**неділя** [nɛ'dilʲa]

Saludos. Presentaciones.

Hola.
Добрий день.
['dɔbrij dɛnʲ.]

Encantado /Encantada/ de conocerle.
Радий /рада/ з вами познайомитися.
['radij /'rada/ z 'wamɨ pozna'jɔmɨtɨsʲa.]

Yo también.
Я теж.
[ja tɛʒ.]

Le presento a ...
Знайомтеся. Це ...
[zna'jɔmtɛsʲa. ʦɛ ...]

Encantado.
Дуже приємно.
['duʒɛ prɨ'ɛmno.]

¿Cómo está?
Як ви? Як у вас справи?
[jak wɨ? jak u was 'sprawɨ?]

Me llamo ...
Мене звуть ...
[mɛ'nɛ zwutʲ ...]

Se llama ...
Його звуть ...
[ʲo'hɔ zwutʲ ...]

Se llama ...
Її звуть ...
[iï 'zwutʲ ...]

¿Cómo se llama (usted)?
Як вас звуть?
[jak was 'zwutʲ?]

¿Cómo se llama (él)?
Як його звуть?
[jak ʲo'hɔ zwutʲ?]

¿Cómo se llama (ella)?
Як її звуть?
[jak iï 'zwutʲ?]

¿Cuál es su apellido?
Яке ваше прізвище?
[ja'kɛ 'waʃɛ 'prizwɨʦɛ?]

Puede llamarme ...
Називайте мене ...
[nazɨ'wajtɛ mɛ'nɛ ...]

¿De dónde es usted?
Звідки ви?
['zwidkɨ wɨ?]

Yo soy de ....
Я з ...
[ja z ...]

¿A qué se dedica?
Ким ви працюєте?
[kɨm wɨ pra'ʦʲuɛtɛ?]

¿Quién es?
Хто це?
[hto ʦɛ?]

¿Quién es él?
Хто він?
[hto win?]

¿Quién es ella?
Хто вона?
[hto wo'na?]

¿Quiénes son?
Хто вони?
[hto wo'nɨ?]

Este es …
Це …
[ʦɛ …]

mi amigo
мій друг
[mij druɦ]

mi amiga
моя подруга
[mo'ʲa 'pɔdruɦa]

mi marido
мій чоловік
[mij ʧolo'wik]

mi mujer
моя дружина
[mo'ʲa dru'ʒina]

mi padre
мій батько
[mij 'batʲko]

mi madre
моя мама
[mo'ʲa 'mama]

mi hermano
мій брат
[mij brat]

mi hermana
моя сестра
[mo'ʲa sɛst'ra]

mi hijo
мій син
[mij sin]

mi hija
моя дочка
[mo'ʲa doʧ'ka]

Este es nuestro hijo.
Це наш син.
[ʦɛ naʃ sin.]

Esta es nuestra hija.
Це наша дочка.
[ʦɛ 'naʃa doʧ'ka.]

Estos son mis hijos.
Це мої діти.
[ʦɛ mo'i 'diti.]

Estos son nuestros hijos.
Це наші діти.
[ʦɛ 'naʃi 'diti.]

Despedidas

¡Adiós!
До побачення!
[do po'batʃɛnʲa!]

¡Chau!
Бувай!
[bu'waj!]

Hasta mañana.
До завтра.
[do 'zawtra.]

Hasta pronto.
До зустрічі.
[do 'zustritʃi.]

Te veo a las siete.
Зустрінемось о сьомій.
[zust'rinɛmosʲ o 'sʲɔmij.]

¡Que se diviertan!
Розважайтеся!
[rozwa'ʒajtɛsʲa!]

Hablamos más tarde.
Поговоримо пізніше.
[poɦo'wɔrimo piz'niʃɛ.]

Que tengas un buen fin de semana.
Вдалих вихідних.
['wdalih wihid'nih.]

Buenas noches.
На добраніч.
[na do'branitʃ.]

Es hora de irme.
Мені вже час.
[mɛ'ni wʒɛ tʃas.]

Tengo que irme.
Мушу йти.
['muʃu jti.]

Ahora vuelvo.
Я зараз повернусь.
[ja 'zaraz powɛr'nusʲ.]

Es tarde.
Вже пізно.
[wʒɛ 'pizno.]

Tengo que levantarme temprano.
Мені рано вставати.
[mɛ'ni 'rano wsta'wati.]

Me voy mañana.
Я завтра від'їжджаю.
[ja 'zawtra widʲiʒ'dʒaʲu.]

Nos vamos mañana.
Ми завтра від'їжджаємо.
[mɨ 'zawtra widʲiʒ'dʒaɛmo.]

¡Que tenga un buen viaje!
Щасливої поїздки!
[ɕas'liwoi po'izdki!]

Ha sido un placer.
Було приємно з вами познайомитися.
[bu'lɔ pri'ɛmnɔ z wami pozna'jomitisʲa.]

47

Fue un placer hablar con usted.

Було приємно з вами поспілкуватися.
[bu'lɔ pri'ɛmno z 'wami pospilku'watisʲa.]

Gracias por todo.

Дякую за все.
['dʲakuʲu za wsɛ.]

Lo he pasado muy bien.

Я чудово провів /провела/ час.
[ja ʧu'dɔwo pro'wiw /prowɛ'la/ ʧas.]

Lo pasamos muy bien.

Ми чудово провели час.
[mɨ ʧu'dɔwo prowɛ'lɨ ʧas.]

Fue genial.

Все було чудово.
[wsɛ bu'lɔ ʧu'dɔwo.]

Le voy a echar de menos.

Я буду сумувати.
[ja 'budu sumu'wati.]

Le vamos a echar de menos.

Ми будемо сумувати.
[mɨ 'budɛmo sumu'wati.]

¡Suerte!

Успіхів! Щасливо!
['uspihiw! ɕas'lɨwo!]

Saludos a …

Передавайте вітання …
[pɛrɛda'wajtɛ wi'tanʲa …]

Idioma extranjero

No entiendo.	**Я не розумію.** [ja nɛ rozu'miʲu.]
Escríbalo, por favor.	**Напишіть це, будь ласка.** [napi'ʃitʲ tsɛ, budʲ 'laska.]
¿Habla usted ...?	**Ви знаєте ...?** [wi 'znaɛtɛ ...?]

Hablo un poco de ...	**Я трохи знаю ...** [ja 'trɔhi znaʲu ...]
inglés	**англійська** [anɦ'lijsʲka]
turco	**турецька** [tu'rɛtska]
árabe	**арабська** [a'rabsʲka]
francés	**французька** [fran'tsuzʲka]

alemán	**німецька** [ni'mɛtska]
italiano	**італійська** [ita'lijsʲka]
español	**іспанська** [is'pansʲka]
portugués	**португальська** [portu'ɦalʲsʲka]
chino	**китайська** [ki'tajsʲka]
japonés	**японська** [ja'pɔnsʲka]

¿Puede repetirlo, por favor?	**Повторіть, будь ласка.** [powto'ritʲ, budʲ 'laska.]
Lo entiendo.	**Я розумію.** [ja rozu'miʲu.]
No entiendo.	**Я не розумію.** [ja nɛ rozu'miʲu.]
Hable más despacio, por favor.	**Говоріть повільніше, будь ласка.** [ɦowo'ritʲ po'wilʲniʃɛ, 'budʲ 'laska.]

¿Está bien?	**Це правильно?** [tsɛ 'prawilʲnɔ?]
¿Qué es esto? (¿Que significa esto?)	**Що це?** [ɕo 'tsɛ?]

Disculpas

Perdone, por favor.
Вибачте, будь ласка.
['wibatʃtɛ, budʲ 'laska.]

Lo siento.
Мені шкода.
[mɛ'ni 'ʃkɔda.]

Lo siento mucho.
Мені дуже шкода.
[mɛ'ni 'duʒɛ 'ʃkɔda.]

Perdón, fue culpa mía.
Винен /Винна/, це моя вина.
['winɛn /'wina/ , ʦɛ mo'ʲa wi'na.]

Culpa mía.
Моя помилка.
[mo'ʲa po'milka.]

¿Puedo ...?
Чи можу я ...?
[ʧi 'mɔʒu ja ...?]

¿Le molesta si ...?
Ви не заперечуватимете, якщо я ...?
[wi nɛ zapɛ'rɛʧuwatimɛtɛ, jak'ɕɔ ja ...?]

¡No hay problema! (No pasa nada.)
Нічого страшного.
[ni'ʧɔɦo straʃ'nɔɦo.]

Todo está bien.
Все гаразд.
[wsɛ ɦa'razd.]

No se preocupe.
Не турбуйтесь.
[nɛ tur'bujtɛsʲ.]

Acuerdos

Sí.	**Так.** [tak.]
Sí, claro.	**Так, звичайно.** [tak, zwi'ʧajno.]
Bien.	**Добре!** ['dɔbrɛ!]
Muy bien.	**Дуже добре.** ['duʒɛ 'dɔbrɛ.]
¡Claro que sí!	**Звичайно!** [zwi'ʧajno!]
Estoy de acuerdo.	**Я згідний /згідна/.** [ja 'zɦidnij /'zɦidna/.]
Es verdad.	**Вірно.** ['wirno.]
Es correcto.	**Правильно.** ['prawilʲno.]
Tiene razón.	**Ви праві.** [wi pra'wi.]
No me molesta.	**Я не заперечую.** [ja nɛ zapɛ'rɛʧuʲu.]
Es completamente cierto.	**Абсолютно вірно.** [absoʲlʲutno 'wirno.]
Es posible.	**Це можливо.** [ʦɛ moʒ'liwo.]
Es una buena idea.	**Це гарна думка.** [ʦɛ 'ɦarna 'dumka.]
No puedo decir que no.	**Не можу відмовити.** [nɛ 'mɔʒu wid'mɔwiti.]
Estaré encantado /encantada/.	**Буду радий /рада/.** ['budu 'radij /'rada/.]
Será un placer.	**Із задоволенням.** [iz zado'wɔlɛnjam.]

Rechazo. Expresar duda

No.   **Ні.**
                                       [ni.]

Claro que no.   **Звичайно, ні.**
                                       [zwi'tʃajno, ni.]

No estoy de acuerdo.   **Я не згідний /згідна/.**
                                       [ja nɛ 'zɦidnij /'zɦidna/.]

No lo creo.   **Я так не думаю.**
                                       [ja tak nɛ 'dumaʲu.]

No es verdad.   **Це неправда.**
                                       [tsɛ nɛ'prawda.]

No tiene razón.   **Ви неправі.**
                                       [wi nɛpra'wi.]

Creo que no tiene razón.   **Я думаю, що ви неправі.**
                                       [ja 'dumaʲu, ço wi nɛpra'wi.]

No estoy seguro /segura/.   **Не впевнений /впевнена/.**
                                       [nɛ 'wpɛwnɛnij /'wpɛwnɛna/.]

No es posible.   **Це неможливо.**
                                       [tsɛ nɛmoʒ'liwo.]

¡Nada de eso!   **Нічого подібного!**
                                       [ni'tʃoɦo po'dibnoɦo!]

Justo lo contrario.   **Навпаки!**
                                       [nawpa'ki!]

Estoy en contra de ello.   **Я проти.**
                                       [ja 'proti.]

No me importa. (Me da igual.)   **Мені все одно.**
                                       [mɛ'ni wsɛ od'no.]

No tengo ni idea.   **Гадки не маю.**
                                       ['ɦadki nɛ 'maʲu.]

Dudo que sea así.   **Сумніваюся, що це так.**
                                       [sumni'waʲusʲa, ço tsɛ tak.]

Lo siento, no puedo.   **Вибачте, я не можу.**
                                       ['wibatʃtɛ, ja nɛ 'moʒu.]

Lo siento, no quiero.   **Вибачте, я не хочу.**
                                       ['wibatʃtɛ, ja nɛ 'hotʃu.]

Gracias, pero no lo necesito.   **Дякую, мені це не потрібно.**
                                       ['dʲakuʲu, mɛ'ni tsɛ nɛ pot'ribno.]

Ya es tarde.   **Вже пізно.**
                                       [wʒɛ 'pizno.]

Tengo que levantarme temprano.

Мені рано вставати.
[mɛ'ni 'rano wsta'watɪ.]

Me encuentro mal.

Я погано себе почуваю.
[ja po'ɦano sɛ'bɛ potʃu'waʲu.]

Expresar gratitud

Gracias.	**Дякую.** ['dʲakuʲu.]
Muchas gracias.	**Дуже дякую.** ['duʒɛ 'dʲakuʲu.]
De verdad lo aprecio.	**Дуже вдячний /вдячна/.** ['duʒɛ 'wdʲatʃnij /'wdʲatʃna/.]
Se lo agradezco.	**Я вам вдячний /вдячна/.** [ja wam 'wdʲatʃnij /'wdʲatʃna/.]
Se lo agradecemos.	**Ми Вам вдячні.** [mi wam 'wdʲatʃni.]

Gracias por su tiempo.	**Дякую, що витратили час.** ['dʲakuʲu, ço 'witratiɫi tʃas.]
Gracias por todo.	**Дякую за все.** ['dʲakuʲu za wsɛ.]
Gracias por …	**Дякую за …** ['dʲakuʲu za …]
su ayuda	**вашу допомогу** ['waʃu dopo'mɔɦu]
tan agradable momento	**гарний час** ['ɦarnij tʃas]

una comida estupenda	**чудову їжу** [tʃu'dɔwu 'iʒu]
una velada tan agradable	**приємний вечір** [pri'ɛmnij 'wɛtʃir]
un día maravilloso	**чудовий день** [tʃu'dɔwij dɛnʲ]
un viaje increíble	**цікаву екскурсію** [tsi'kawu ɛks'kursiʲu]

No hay de qué.	**Нема за що.** [nɛ'ma za ço.]
De nada.	**Не варто дякувати.** [nɛ 'warto 'dʲakuwati.]
Siempre a su disposición.	**Завжди будь ласка.** [za'wʒdi budʲ 'laska.]
Encanto /Encantada/ de ayudarle.	**Був радий /Була рада/ допомогти.** [buw 'radij /bu'la 'rada/ dopomoɦ'ti.]
No hay de qué.	**Забудьте. Все гаразд.** [za'budʲtɛ wsɛ ɦa'razd.]
No tiene importancia.	**Не турбуйтесь.** [nɛ tur'bujtɛsʲ.]

Felicitaciones , Mejores Deseos

¡Felicidades!	**Вітаю!** [wi'taʲu!]
¡Feliz Cumpleaños!	**З Днем народження!** [z dnɛm na'rɔdʒɛnʲa!]
¡Feliz Navidad!	**Веселого Різдва!** [wɛ'sɛloɦo rizd'wa!]
¡Feliz Año Nuevo!	**З Новим роком!** [z no'wim 'rɔkom!]

¡Felices Pascuas!	**Зі Світлим Великоднем!** [zi 'switlim wɛ'likodnɛm!]
¡Feliz Hanukkah!	**Щасливої Хануки!** [ɕas'lʲiwoi ha'nuki!]

Quiero brindar.	**У мене є тост.** [u 'mɛnɛ ɛ tost.]
¡Salud!	**За ваше здоров'я!** [za 'waʃɛ zdo'rɔwʲʲa]
¡Brindemos por ...!	**Вип'ємо за ...!** ['wipʲɛmo za ...!]
¡A nuestro éxito!	**За наш успіх!** [za naʃ 'uspih!]
¡A su éxito!	**За ваш успіх!** [za waʃ 'uspih!]

¡Suerte!	**Успіхів!** ['uspihiw!]
¡Que tenga un buen día!	**Гарного вам дня!** ['ɦarnoɦo wam dnʲa!]
¡Que tenga unas buenas vacaciones!	**Гарного вам відпочинку!** ['ɦarnoɦo wam widpo'tʃinku!]
¡Que tenga un buen viaje!	**Вдалої поїздки!** ['wdaloi po'izdki!]
¡Espero que se recupere pronto!	**Бажаю вам швидкого одужання!** [ba'ʒaʲu wam ʃwid'kɔɦo o'duʒanʲa!]

Socializarse

¿Por qué está triste?	**Чому ви засмучені?** [tʃoˈmu wɨ zasˈmutʃɛni?]
¡Sonría! ¡Anímese!	**Посміхніться!** [posmihˈnitʲsʲaˈ!]
¿Está libre esta noche?	**Ви не зайняті сьогодні ввечері?** [wɨ nɛ ˈzajnʲati sʲoˈɦodni ˈwwɛtʃɛri?]

¿Puedo ofrecerle algo de beber?	**Чи можу я запропонувати вам випити?** [tʃɨ ˈmoʒu ja zaproponuˈwatɨ wam ˈwɨpɨti?]
¿Querría bailar conmigo?	**Чи не хочете потанцювати?** [tʃɨ nɛ ˈhotʃɛtɛ potantsʲuˈwati?]
Vamos a ir al cine.	**Може сходимо в кіно?** [ˈmoʒɛ ˈshodimo w kiˈnɔ?]

¿Puedo invitarle a ...?	**Чи можна запросити вас в ...?** [tʃɨ ˈmoʒna zaproˈsitɨ was w ...?]
un restaurante	**ресторан** [rɛstoˈran]
el cine	**кіно** [kiˈnɔ]
el teatro	**театр** [tɛˈatr]
dar una vuelta	**на прогулянку** [na proˈɦulʲanku]

¿A qué hora?	**О котрій?** [o kotˈrij?]
esta noche	**сьогодні ввечері** [sʲoˈɦodni ˈwvɛtʃɛri]
a las seis	**о 6 годині** [o ˈʃostij ɦoˈdini]
a las siete	**о 7 годині** [o ˈsjɔmij ɦoˈdini]
a las ocho	**о 8 годині** [o ˈwɔsʲmij ɦoˈdini]
a las nueve	**о 9 годині** [o dɛˈwʲʲatij ɦoˈdini]

¿Le gusta este lugar?	**Вам тут подобається?** [wam tut poˈdobaɛtʲsʲa?]
¿Está aquí con alguien?	**Ви тут з кимось?** [wɨ tut z ˈkimosʲ?]

Estoy con mi amigo /amiga/.

Я з другом /подругою/.
[ja z 'druɦom /'pɔdruɦoʲu/.]

Estoy con amigos.

Я з друзями.
[ja z 'druzʲamɨ.]

No, estoy solo /sola/.

Я один /одна/.
[ja o'dɨn /od'na/.]

¿Tienes novio?

У тебе є приятель?
[u 'tɛbɛ ɛ 'prijatɛlʲ?]

Tengo novio.

У мене є друг.
[u 'mɛnɛ ɛ druɦ.]

¿Tienes novia?

У тебе є подружка?
[u 'tɛbɛ ɛ 'pɔdruʒka?]

Tengo novia.

У мене є дівчина.
[u 'mɛnɛ ɛ 'diwtʃɨna.]

¿Te puedo volver a ver?

Ми ще зустрінемося?
[mɨ ɕɛ zu'strinɛmosʲa?]

¿Te puedo llamar?

Чи можна тобі подзвонити?
[tʃɨ 'mɔʒna to'bi zatɛlɛfonu'watɨ?]

Llámame.

Подзвони мені.
[podzwo'nɨ mɛ'ni.]

¿Cuál es tu número?

Який у тебе номер?
[ja'kij u 'tɛbɛ 'nɔmɛr?]

Te echo de menos.

Я сумую за тобою.
[ja su'muʲu za to'bɔʲu.]

¡Qué nombre tan bonito!

У вас дуже гарне ім'я.
[u was 'duʒɛ 'ɦarnɛ i'mʲʲa.]

Te quiero.

Я тебе кохаю.
[ja tɛbɛ ko'haʲu.]

¿Te casarías conmigo?

Виходь за мене.
[wɨ'hɔdʲ za 'mɛnɛ.]

¡Está de broma!

Ви жартуєте!
[wɨ ʒar'tuɛtɛ!]

Sólo estoy bromeando.

Я просто жартую.
[ja 'prɔsto ʒar'tuʲu.]

¿En serio?

Ви серйозно?
[wɨ sɛr'jɔzno?]

Lo digo en serio.

Я серйозно.
[ja sɛr'jɔzno.]

¿De verdad?

Справді?!
['sprawdi?!]

¡Es increíble!

Це неймовірно!
[ʦɛ nɛjmo'wirno]

No le creo.

Я вам не вірю.
[ja wam nɛ 'wirʲu.]

No puedo.

Я не можу.
[ja nɛ 'mɔʒu.]

No lo sé.

Я не знаю.
[ja nɛ 'znaʲu.]

No le entiendo.

Я вас не розумію.
[ja was nε rozu'miⁱu.]

Váyase, por favor.

Ідіть, будь ласка.
[i'ditⁱ, budⁱ 'laska.]

¡Déjeme en paz!

Залиште мене в спокої!
[za'liʃtɛ mɛ'nɛ w 'spɔkoi!]

Es inaguantable.

Я його терпіти не можу.
[ja ⁱo'ɦɔ tɛr'piti nɛ 'mɔʒu.]

¡Es un asqueroso!

Ви огидні!
[wɨ o'ɦɨdni!]

¡Llamaré a la policía!

Я викличу поліцію!
[ja 'wɨklɨtʃu po'litsiⁱu!]

Compartir impresiones. Emociones

Me gusta.
Мені це подобається.
[mɛ'ni ʦɛ po'dɔbaɛtˢʲa.]

Muy lindo.
Дуже мило.
['duʒɛ 'miɫo.]

¡Es genial!
Це чудово!
[ʦɛ ʧu'dɔwo!]

No está mal.
Це непогано.
[ʦɛ nɛpo'ɦano.]

No me gusta.
Мені це не подобається.
[mɛ'ni ʦɛ nɛ po'dɔbaɛtˢʲa.]

No está bien.
Це недобре.
[ʦɛ nɛ'dɔbrɛ.]

Está mal.
Це погано.
[ʦɛ po'ɦano.]

Está muy mal.
Це дуже погано.
[ʦɛ 'duʒɛ po'ɦano.]

¡Qué asco!
Це огидно.
[ʦɛ o'ɦidno.]

Estoy feliz.
Я щасливий /щаслива/.
[ja ɕas'liwij /ɕas'liwa/.]

Estoy contento /contenta/.
Я задоволений /задоволена/.
[ja zado'wɔlɛnij /zado'wɔlɛna/.]

Estoy enamorado /enamorada/.
Я закоханий /закохана/.
[ja za'kɔhanij /za'kɔhana/.]

Estoy tranquilo.
Я спокійний /спокійна/.
[ja spo'kijnij /spo'kijna/.]

Estoy aburrido.
Мені нудно.
[mɛ'ni 'nudno.]

Estoy cansado /cansada/.
Я втомився /втомилася/.
[ja wto'miwsʲa /wto'miɫasʲa/.]

Estoy triste.
Мені сумно.
[mɛ'ni 'sumno.]

Estoy asustado.
Я наляканий /налякана/.
[ja na'lʲakanij /na'lʲakana/.]

Estoy enfadado /enfadada/.
Я злюся.
[ja 'zlʲusʲa.]

Estoy preocupado /preocupada/.
Я хвилююся.
[ja hwi'lʲulʲusʲa.]

Estoy nervioso /nerviosa/.
Я нервую.
[ja nɛr'wulʲu.]

Estoy celoso /celosa/.

Я заздрю.
[ja 'zazdrʲu.]

Estoy sorprendido /sorprendida/.

Я здивований /здивована/.
[ja zdɪ'wɔwanij /zdɪ'wɔwana/.]

Estoy perplejo /perpleja/.

Я спантеличений /спантеличена/.
[ja spantɛ'lɪtʃɛnij /spantɛ'lɪtʃɛna/.]

Problemas, Accidentes

Tengo un problema.	**В мене проблема.** [w 'mɛnɛ prob'lɛma.]
Tenemos un problema.	**У нас проблема.** [u nas prob'lɛma.]
Estoy perdido /perdida/.	**Я заблукав /заблукала/.** [ja zablu'kaw /zablu'kala/.]
Perdí el último autobús (tren).	**Я запізнився на останній автобус (поїзд).** [ja zapiz'niwsʲa na os'tanij aw'tɔbus ('pɔizd).]
No me queda más dinero.	**У мене зовсім не залишилося грошей.** [u 'mɛnɛ 'zɔwsim nɛ za'liʃilosʲa 'ɦrɔʃɛj.]

He perdido …	**Я загубив /загубила/ …** [ja zaɦu'biw /zaɦu'bila/ …]
Me han robado …	**В мене вкрали …** [w 'mɛnɛ 'wkrali …]
mi pasaporte	**паспорт** ['pasport]
mi cartera	**гаманець** [ɦama'nɛts]
mis papeles	**документи** [doku'mɛnti]
mi billete	**квиток** [kwi'tɔk]
mi dinero	**гроші** ['ɦrɔʃi]
mi bolso	**сумку** ['sumku]
mi cámara	**фотоапарат** [fotoapa'rat]
mi portátil	**ноутбук** [nout'buk]
mi tableta	**планшет** [plan'ʃɛt]
mi teléfono	**телефон** [tɛlɛ'fɔn]

¡Ayúdeme!	**Допоможіть!** [dopomo'ʒitʲ]
¿Qué pasó?	**Що трапилося?** [ɕo 'trapilosʲa?]

el incendio

пожежа
[poˈʒɛʒa]

un tiroteo

стрілянина
[strilʲaˈnina]

el asesinato

вбивство
[ˈwbiwstwo]

una explosión

вибух
[ˈwibuh]

una pelea

бійка
[ˈbijka]

¡Llame a la policía!

Викличте поліцію!
[ˈwiklitʃtɛ poˈlitsʲiʲu!]

¡Más rápido, por favor!

Будь ласка, швидше!
[budʲ ˈlaska, ˈʃwidʃɛ!]

Busco la comisaría.

Я шукаю поліцейську дільницю.
[ja ʃuˈkaʲu poliˈtsɛjsʲku dilʲˈnitsʲu.]

Tengo que hacer una llamada.

Мені треба зателефонувати.
[mɛˈni ˈtrɛba zatɛlɛfonuˈwati.]

¿Puedo usar su teléfono?

Чи можна мені зателефонувати?
[tʃi ˈmɔʒna mɛˈni zatɛlɛfonuˈwati?]

Me han …

Мене …
[mɛˈnɛ …]

asaltado /asaltada/

пограбували
[poɦrabuˈwali]

robado /robada/

обікрали
[obiˈkrali]

violada

зґвалтували
[zgwaltuˈwali]

atacado /atacada/

побили
[poˈbili]

¿Se encuentra bien?

З вами все гаразд?
[z ˈwami wsɛ ɦaˈrazd?]

¿Ha visto quien a sido?

Ви бачили, хто це був?
[wi ˈbatʃili, hto tsɛ buw?]

¿Sería capaz de reconocer a la persona?

Ви зможете його впізнати?
[wi ˈzmɔʒɛtɛ ʲoˈɦo wpizˈnati?]

¿Está usted seguro?

Ви точно впевнені?
[wi ˈtɔtʃno ˈwpɛwnɛni?]

Por favor, cálmese.

Будь ласка, заспокойтеся.
[budʲ ˈlaska, zaspoˈkɔjtɛsʲa.]

¡Cálmese!

Спокійніше!
[spokijˈniʃɛ!]

¡No se preocupe!

Не турбуйтесь.
[nɛ turˈbujtɛsʲ.]

Todo irá bien.

Все буде добре.
[wsɛ ˈbudɛ ˈdɔbrɛ.]

Todo está bien.

Все гаразд.
[wsɛ ɦaˈrazd.]

Venga aquí, por favor.	**Підійдіть, будь ласка.** [pidij'ditⁱ, budʲ 'laska.]
Tengo unas preguntas para usted.	**У мене до вас кілька запитань.** [u 'mɛnɛ do was 'kilʲka zapi'tanⁱ.]
Espere un momento, por favor.	**Зачекайте, будь ласка.** [zatʃɛ'kajtɛ, budʲ 'laska.]

¿Tiene un documento de identidad?	**У вас є документи?** [u was 'ɛ doku'mɛnti?]
Gracias. Puede irse ahora.	**Дякую. Ви можете йти.** ['dʲakuʲu. wɨ 'mɔʒɛtɛ jtⁱ.]
¡Manos detrás de la cabeza!	**Руки за голову!** ['rukⁱ za 'ɦolowu!]
¡Está arrestado!	**Ви заарештовані!** [wɨ zaarɛʃ'tɔwani!]

Problemas de salud

Ayudeme, por favor. | **Допоможіть, будь ласка.**
[dopomo'ʒitʲ, budʲ 'laska.]

No me encuentro bien. | **Мені погано.**
[mɛ'ni po'ɦano.]

Mi marido no se encuentra bien. | **Моєму чоловікові погано.**
[mo'ɛmu ʧolo'wikowi po'ɦano.]

Mi hijo … | **Моєму сину …**
[mo'ɛmu 'sinu …]

Mi padre … | **Моєму батькові …**
[mo'ɛmu 'batʲkowi …]

Mi mujer no se encuentra bien. | **Моїй дружині погано.**
[mo'ij dru'ʒini po'ɦano.]

Mi hija … | **Моїй дочці …**
[mo'ij doʧ'ʦi …]

Mi madre … | **Моїй матері …**
[mo'ij 'matɛri …]

Me duele … | **У мене болить …**
[u 'mɛnɛ bo'litʲ …]

la cabeza | **голова**
[ɦolo'wa]

la garganta | **горло**
['ɦɔrlo]

el estómago | **живіт**
[ʒi'wit]

un diente | **зуб**
[zub]

Estoy mareado. | **У мене паморочиться голова.**
[u 'mɛnɛ 'pamoroʧitʲsʲa ɦolo'wa.]

Él tiene fiebre. | **У нього температура.**
[u 'njoɦo tɛmpɛra'tura.]

Ella tiene fiebre. | **У неї температура.**
[u nɛi tɛmpɛra'tura.]

No puedo respirar. | **Я не можу дихати.**
[ja nɛ 'moʒu 'dihati.]

Me ahogo. | **Я задихаюсь.**
[ja zadi'haʲusʲ.]

Tengo asma. | **Я астматик.**
[ja ast'matik.]

Tengo diabetes. | **Я діабетик.**
[ja dia'bɛtik.]

No puedo dormir.	**В мене безсоння.** [w 'mɛnɛ bɛz'sɔnʲa.]
intoxicación alimentaria	**харчове отруєння** [hartʃo'wɛ ot'ruɛnʲa]

Me duele aquí.	**Болить ось тут.** [bo'litʲ osʲ tut.]
¡Ayúdeme!	**Допоможіть!** [dopomo'ʒitʲ!]
¡Estoy aquí!	**Я тут!** [ja tut!]
¡Estamos aquí!	**Ми тут!** [mi tut!]
¡Saquenme de aquí!	**Витягніть мене!** ['witʲaɦnitʲ mɛ'nɛ!]
Necesito un médico.	**Мені потрібен лікар.** [mɛ'ni po'tribɛn 'likar.]
No me puedo mover.	**Я не можу рухатися.** [ja nɛ 'mɔʒu 'ruhatisʲa.]
No puedo mover mis piernas.	**Я не відчуваю ніг.** [ja nɛ widtʃu'waʲu niɦ.]

Tengo una herida.	**Я поранений /поранена/.** [ja po'ranɛnij /po'ranɛna/.]
¿Es grave?	**Це серйозно?** [tsɛ sɛr'jɔzno?]
Mis documentos están en mi bolsillo.	**Мої документи в кишені.** [mo'i doku'mɛnti w ki'ʃɛni.]
¡Cálmese!	**Заспокойтеся!** [zaspo'kɔjtɛsʲa!]
¿Puedo usar su teléfono?	**Чи можна мені зателефонувати?** [tʃi 'mɔʒna mɛ'ni zatɛlɛfonu'wati?]

¡Llame a una ambulancia!	**Викличте швидку!** ['wiklitʃtɛ ʃwid'ku!]
¡Es urgente!	**Це терміново!** [tsɛ tɛrmi'nɔwo!]
¡Es una emergencia!	**Це дуже терміново!** [tsɛ 'duʒɛ tɛrmi'nɔwo!]
¡Más rápido, por favor!	**Будь ласка, швидше!** [budʲ 'laska, ʃwidʃɛ!]
¿Puede llamar a un médico, por favor?	**Викличте лікаря, будь ласка.** ['wiklitʃtɛ 'likarʲa, budʲ 'laska.]
¿Dónde está el hospital?	**Скажіть, де лікарня?** [ska'ʒitʲ, dɛ li'karnʲa?]

¿Cómo se siente?	**Як ви себе почуваєте?** [jak wi sɛ'bɛ potʃu'waɛtɛ?]
¿Se encuentra bien?	**З вами все гаразд?** [z 'wami wsɛ ɦa'razd?]
¿Qué pasó?	**Що трапилося?** [ɕo 'trapilosʲa?]

Me encuentro mejor.

Está bien.

Todo está bien.

Мені вже краще.
[mɛ'ni wʒɛ 'kraɕɛ.]

Все гаразд.
[wsɛ ɦa'razd.]

Все добре.
[wsɛ 'dɔbrɛ.]

En la farmacia

la farmacia	**аптека** [ap'tɛka]
la farmacia 24 horas	**цілодобова аптека** [ʦilodoˈbɔwa apˈtɛka]
¿Dónde está la farmacia más cercana?	**Де найближча аптека?** [dɛ najbˈliʒʧa apˈtɛka?]
¿Está abierta ahora?	**Вона зараз відкрита?** [woˈna ˈzaraz widˈkrita?]
¿A qué hora abre?	**О котрій вона відкривається?** [o kotˈrij woˈna widkriˈwaɛtʲsʲa?]
¿A qué hora cierra?	**До котрої години вона працює?** [do koˈtrɔi ɦoˈdinɨ woˈna praˈʦʲuɛ?]
¿Está lejos?	**Це далеко?** [ʦɛ daˈlɛko?]
¿Puedo llegar a pie?	**Я дійду туди пішки?** [ja dijˈdu tuˈdɨ ˈpiʃki?]
¿Puede mostrarme en el mapa?	**Покажіть мені на карті, будь ласка.** [pokaˈʒitʲ mɛˈni na ˈkarti, budʲ ˈlaska.]
Por favor, deme algo para …	**Дайте мені, що-небудь від …** [ˈdajtɛ mɛˈni, ɕɔ-ˈnɛbudʲ wid …]
un dolor de cabeza	**головного болю** [ɦolowˈnɔɦo ˈbɔlʲu]
la tos	**кашлю** [ˈkaʃlʲu]
el resfriado	**застуди** [zaˈstudi]
la gripe	**грипу** [ˈɦripu]
la fiebre	**температури** [tɛmpɛraˈturi]
un dolor de estomago	**болю в шлунку** [ˈbɔlʲu w ˈʃlunku]
nauseas	**нудоти** [nuˈdɔti]
la diarrea	**діареї** [diaˈrɛi]
el estreñimiento	**запору** [zaˈpɔru]
un dolor de espalda	**біль у спині** [ˈbilʲ u spiˈni]

un dolor de pecho	біль у грудях
	['biľ u 'ɦrudʲah]
el flato	біль у боці
	['biľ u 'bɔʦi]
un dolor abdominal	біль в животі
	['biľ w ʒiwo'ti]

la píldora	таблетка
	[tab'lɛtka]
la crema	мазь, крем
	[mazʲ, krɛm]
el jarabe	сироп
	[si'rɔp]
el spray	спрей
	['sprɛj]
las gotas	краплі
	['krapli]

Tiene que ir al hospital.	Вам потрібно в лікарню.
	[wam po'tribno w li'karnʲu.]
el seguro de salud	страховка
	[stra'howka]
la receta	рецепт
	[rɛ'ʦɛpt]
el repelente de insectos	засіб від комах
	['zasib wid ko'mah]
la curita	лейкопластир
	[lɛjko'plastir]

Lo más imprescindible

Perdone, ...
Вибачте, ...
['wibatʃtɛ, ...]

Hola.
Добрий день.
['dɔbrij dɛnʲ.]

Gracias.
Дякую.
['dʲakuʲu.]

Sí.
Так.
[tak.]

No.
Ні.
[ni.]

No lo sé.
Я не знаю.
[ja nɛ 'znaʲu.]

¿Dónde? | ¿A dónde? | ¿Cuándo?
Де? | Куди? | Коли?
[dɛ? | ku'di? | ko'li?]

Necesito ...
Мені потрібен ...
[mɛ'ni po'tribɛn ...]

Quiero ...
Я хочу ...
[ja 'hɔtʃu ...]

¿Tiene ...?
У вас є ...?
[u was 'ɛ ...?]

¿Hay ... por aquí?
Тут є ...?
[tut ɛ ...?]

¿Puedo ...?
Чи можна мені ...?
[tʃi 'mɔʒna mɛ'ni ...?]

..., por favor? (petición educada)
Будь ласка
[budʲ 'laska]

Busco ...
Я шукаю ...
[ja ʃu'kaʲu ...]

el servicio
туалет
[tua'lɛt]

un cajero automático
банкомат
[banko'mat]

una farmacia
аптеку
[ap'tɛku]

el hospital
лікарню
[li'karnʲu]

la comisaría
поліцейську дільницю
[poli'tsɛjsʲku dilʲ'nitsʲu]

el metro
метро
[mɛt'rɔ]

un taxi	таксі
	[tak'si]
la estación de tren	вокзал
	[wok'zal]

Me llamo ...	Мене звуть ...
	[mɛ'nɛ zwutʲ ...]
¿Cómo se llama?	Як вас звуть?
	[jak was 'zwutʲ?]
¿Puede ayudarme, por favor?	Допоможіть мені, будь ласка.
	[dopomo'ʒitʲ mɛ'ni, budʲ 'laska.]
Tengo un problema.	У мене проблема.
	[u 'mɛnɛ prob'lɛma.]
Me encuentro mal.	Мені погано.
	[mɛ'ni po'ɦano.]
¡Llame a una ambulancia!	Викличте швидку!
	['wiklitʃtɛ ʃwid'ku!]
¿Puedo llamar, por favor?	Чи можна мені зателефонувати?
	[tʃi 'mɔʒna mɛ'ni zatɛlɛfonu'wati?]

Lo siento.	Прошу вибачення
	['prɔʃu 'wibatʃɛnʲa]
De nada.	Прошу
	['prɔʃu]

Yo	я
	[ja]
tú	ти
	[ti]
él	він
	[win]
ella	вона
	[wo'na]
ellos	вони
	[wo'ni]
ellas	вони
	[wo'ni]
nosotros /nosotras/	ми
	[mi]
ustedes, vosotros	ви
	[wi]
usted	Ви
	[wi]

ENTRADA	ВХІД
	[whid]
SALIDA	ВИХІД
	['wihid]
FUERA DE SERVICIO	НЕ ПРАЦЮЄ
	[nɛ pra'tsʲuɛ]
CERRADO	ЗАКРИТО
	[za'krito]

ABIERTO

ВІДКРИТО
[wid'krito]

PARA SEÑORAS

ДЛЯ ЖІНОК
[dʲa ʒi'nɔk]

PARA CABALLEROS

ДЛЯ ЧОЛОВІКІВ
[dʲa ʧolowi'kiw]

T&P BOOKS

VOCABULARIO TEMÁTICO

Esta sección contiene más
de 3.000 de las palabras más
importantes. El diccionario
le proporcionará una ayuda
inestimable mientras viaja al
extranjero, porque las palabras
individuales son a menudo
suficientes para que
le entiendan.
El diccionario incluye una
transcripción adecuada
de cada palabra extranjera

T&P Books Publishing

CONTENIDO
DEL DICCIONARIO

T&P Books Publishing

BOOKS

CONCEPTOS BÁSICOS

T&P Books Publishing

1. Los pronombres

yo	я	[ja]
tú	ти	[ti]
él	він	[win]
ella	вона	[wo'na]
nosotros, -as	ми	[mi̞]
vosotros, -as	ви	[wi̞]
ellos, ellas	вони	[wo'ni̞]

2. Saludos. Salutaciones

¡Hola! (fam.)	Здрастуй!	['zdrastuj]
¡Hola! (form.)	Здрастуйте!	['zdrastujtɛ]
¡Buenos días!	Доброго ранку!	['dɔbrɔɦo 'ranku]
¡Buenas tardes!	Добрий день!	['dɔbrij dɛnʲ]
¡Buenas noches!	Добрий вечір!	['dɔbrij 'wɛtʃir]
decir hola	вітатися	[wi'tatisʲa]
¡Hola! (a un amigo)	Привіт!	[pri'wit]
saludo (m)	вітання (c)	[wi'tanʲa]
saludar (vt)	вітати	[wi'tati]
¿Cómo estás?	Як справи?	[jak 'sprawi]
¿Qué hay de nuevo?	Що нового?	[ɕo no'wɔɦo]
¡Chau! ¡Adiós!	До побачення!	[do po'batʃɛnʲa]
¡Hasta pronto!	До швидкої зустрічі!	[do ʃwid'kɔji̞ 'zustritʃi]
¡Adiós! (fam.)	Прощавай!	[proɕa'waj]
¡Adiós! (form.)	Прощавайте!	[proɕa'wajtɛ]
despedirse (vr)	прощатися	[pro'ɕatisʲa]
¡Hasta luego!	Бувай!	[bu'waj]
¡Gracias!	Дякую!	['dʲakuʲu]
¡Muchas gracias!	Щиро дякую!	['ɕiro 'dʲakuʲu]
De nada	Будь ласка.	[budʲ 'laska]
No hay de qué	Не варто подяки	[nɛ 'warto po'dʲaki]
De nada	Нема за що.	[nɛ'ma za ɕo]
¡Disculpa!	Вибач!	['wibatʃ]
¡Disculpe!	Вибачте!	['wibatʃtɛ]
disculpar (vt)	вибачати	[wiba'tʃati]
disculparse (vr)	вибачатися	[wiba'tʃatisʲa]

Mis disculpas	Моє вибачення.	[mo'ɛ 'wibatʃɛnʲa]
¡Perdóneme!	Вибачте!	['wibatʃtɛ]
perdonar (vt)	пробачати	[proba'tʃati]
por favor	будь ласка	[budʲ 'laska]

¡No se le olvide!	Не забудьте!	[nɛ za'budʲtɛ]
¡Ciertamente!	Звичайно!	[zwi'tʃajno]
¡Claro que no!	Звичайно ні!	[zwi'tʃajno ni]
¡De acuerdo!	Згоден!	['zɦɔdɛn]
¡Basta!	Досить!	['dɔsitʲ]

3. Las preguntas

¿Quién?	Хто?	[hto]
¿Qué?	Що?	[ɕo]
¿Dónde?	Де?	[dɛ]
¿Adónde?	Куди?	[ku'di]
¿De dónde?	Звідки?	['zwidki]
¿Cuándo?	Коли?	[ko'li]
¿Para qué?	Навіщо?	[na'wiɕo]
¿Por qué?	Чому?	[tʃo'mu]

¿Por qué razón?	Для чого?	[dlʲa 'tʃɔɦo]
¿Cómo?	Як?	[jak]
¿Qué ...? (~ color)	Який?	[ja'kij]
¿Cuál?	Котрий?	[kot'rij]

¿A quién?	Кому?	[ko'mu]
¿De quién? (~ hablan ...)	Про кого?	[pro 'kɔɦo]
¿De qué?	Про що?	[pro ɕo]
¿Con quién?	З ким?	[z kim]

| ¿Cuánto? | Скільки? | ['skilʲki] |
| ¿De quién? (~ es este ...) | Чий? | [tʃij] |

4. Las preposiciones

con ... (~ algn)	з	[z]
sin ... (~ azúcar)	без	[bɛz]
a ... (p.ej. voy a México)	в	[w]
de ... (hablar ~)	про	[pro]
antes de ...	перед	['pɛrɛd]
delante de ...	перед	['pɛrɛd]

debajo	під	[pid]
sobre ..., encima de ...	над	[nad]
en, sobre (~ la mesa)	над	[nad]
de (origen)	з	[z]

de (fabricado de)	з	[z]
dentro de ...	за	[za]
encima de ...	через	['tʃɛrɛz]

5. Las palabras útiles. Los adverbios. Unidad 1

¿Dónde?	Де?	[dɛ]
aquí (adv)	тут	[tut]
allí (adv)	там	[tam]

| en alguna parte | десь | [dɛsʲ] |
| en ninguna parte | ніде | [ni'dɛ] |

| junto a ... | біля | ['bilʲa] |
| junto a la ventana | біля вікна | ['bilʲa wik'na] |

¿A dónde?	Куди?	[ku'dɨ]
aquí (venga ~)	сюди	[sʲu'dɨ]
allí (vendré ~)	туди	[tu'dɨ]
de aquí (adv)	звідси	['zwidsɨ]
de allí (adv)	звідти	['zwidti]

| cerca (no lejos) | близько | ['blɨzʲko] |
| lejos (adv) | далеко | [da'lɛko] |

cerca de ...	біля	['bilʲa]
al lado (de ...)	поряд	['porʲad]
no lejos (adv)	недалеко	[nɛda'lɛko]

izquierdo (adj)	лівий	['liwij]
a la izquierda (situado ~)	зліва	['zliwa]
a la izquierda (girar ~)	ліворуч	[li'wɔrutʃ]

derecho (adj)	правий	['prawij]
a la derecha (situado ~)	справа	['sprawa]
a la derecha (girar)	праворуч	[pra'wɔrutʃ]

delante (yo voy ~)	спереду	['spɛrɛdu]
delantero (adj)	передній	[pɛ'rɛdnij]
adelante (movimiento)	уперед	[upɛ'rɛd]

detrás de ...	позаду	[po'zadu]
desde atrás	ззаду	['zzadu]
atrás (da un paso ~)	назад	[na'zad]

| centro (m), medio (m) | середина (ж) | [sɛ'rɛdina] |
| en medio (adv) | посередині | [posɛ'rɛdini] |

| de lado (adv) | збоку | ['zbɔku] |
| en todas partes | скрізь | [skrizʲ] |

alrededor (adv)	навколо	[naw'kɔlo]
de dentro (adv)	зсередини	[zsɛ'rɛdini]
a alguna parte	кудись	[ku'disʲ]
todo derecho (adv)	напрямки	[naprʲam'ki]
atrás (muévelo para ~)	назад	[na'zad]
de alguna parte (adv)	звідки-небудь	['zwidkɨ 'nɛbudʲ]
no se sabe de dónde	звідкись	['zwidkisʲ]
primero (adv)	по-перше	[po 'pɛrʃɛ]
segundo (adv)	по-друге	[po 'druɦɛ]
tercero (adv)	по-третє	[po t'rɛtɛ]
de súbito (adv)	раптом	['raptom]
al principio (adv)	спочатку	[spo'ʧatku]
por primera vez	уперше	[u'pɛrʃɛ]
mucho tiempo antes …	задовго до …	[za'dɔwɦo do]
de nuevo (adv)	заново	['zanowo]
para siempre (adv)	назовсім	[na'zɔwsim]
jamás, nunca (adv)	ніколи	[ni'kɔli]
de nuevo (adv)	знову	['znɔwu]
ahora (adv)	тепер	[tɛ'pɛr]
frecuentemente (adv)	часто	['ʧasto]
entonces (adv)	тоді	[to'di]
urgentemente (adv)	терміново	[tɛrmi'nɔwo]
usualmente (adv)	звичайно	[zwi'ʧajno]
a propósito, …	до речі	[do 'rɛʧi]
es probable	можливо	[mɔʒ'liwo]
probablemente (adv)	мабуть	[ma'butʲ]
tal vez	може бути	['mɔʒɛ 'buti]
además …	крім того, …	[krim 'tɔɦo]
por eso …	тому	[to'mu]
a pesar de …	незважаючи на …	[nɛzwa'ʒaʲutʃi na]
gracias a …	завдяки …	[zawdʲa'ki]
qué (pron)	що	[ɕo]
que (conj)	що	[ɕo]
algo (~ le ha pasado)	щось	[ɕosʲ]
algo (~ así)	що-небудь	[ɕo 'nɛbudʲ]
nada (f)	нічого	[ni'ʧɔɦo]
quien	хто	[hto]
alguien (viene ~)	хтось	[htosʲ]
alguien (¿ha llamado ~?)	хто-небудь	[hto 'nɛbudʲ]
nadie	ніхто	[nih'tɔ]
a ninguna parte	нікуди	['nikudɨ]
de nadie	нічий	[ni'ʧij]
de alguien	чий-небудь	[ʧij 'nɛbudʲ]
tan, tanto (adv)	так	[tak]

también (~ habla francés)	також	[taˈkɔʒ]
también (p.ej. Yo ~)	також	[taˈkɔʒ]

6. Las palabras útiles. Los adverbios. Unidad 2

¿Por qué?	Чому?	[ʧoˈmu]
no se sabe porqué	чомусь	[ʧoˈmusʲ]
porque ...	тому, що ...	[toˈmu, ɕo ...]
por cualquier razón (adv)	навіщось	[naˈwiɕosʲ]
y (p.ej. uno y medio)	і	[i]
o (p.ej. té o café)	або	[aˈbɔ]
pero (p.ej. me gusta, ~)	але	[aˈlɛ]
para (p.ej. es para ti)	для	[dlʲa]
demasiado (adv)	занадто	[zaˈnadto]
sólo, solamente (adv)	тільки	[ˈtilʲki]
exactamente (adv)	точно	[ˈtɔʧno]
unos ..., cerca de ... (~ 10 kg)	приблизно	[pribˈlizno]
aproximadamente	приблизно	[pribˈlizno]
aproximado (adj)	приблизний	[pribˈliznij]
casi (adv)	майже	[ˈmajʒɛ]
resto (m)	решта (ж)	[ˈrɛʃta]
cada (adj)	кожен	[ˈkɔʒɛn]
cualquier (adj)	будь-який	[budʲ jaˈkij]
mucho (adv)	багато	[baˈɦato]
muchos (mucha gente)	багато хто	[baˈɦato hto]
todos	всі	[wsi]
a cambio de ...	в обмін на ...	[w ˈɔbmin na]
en cambio (adv)	натомість	[naˈtɔmistʲ]
a mano (hecho ~)	вручну	[wruʧˈnu]
poco probable	навряд чи	[nawˈrʲad ʧi]
probablemente	мабуть	[maˈbutʲ]
a propósito (adv)	навмисно	[nawˈmisno]
por accidente (adv)	випадково	[wipadˈkɔwo]
muy (adv)	дуже	[ˈduʒɛ]
por ejemplo (adv)	наприклад	[naˈpriklad]
entre (~ nosotros)	між	[miʒ]
entre (~ otras cosas)	серед	[ˈsɛrɛd]
tanto (~ gente)	стільки	[ˈstilʲki]
especialmente (adv)	особливо	[osobˈliwo]

NÚMEROS. MISCELÁNEA

T&P Books Publishing

7. Números cardinales. Unidad 1

cero	**нуль**	[nulʲ]
uno	**один**	[o'din]
dos	**два**	[dwa]
tres	**три**	[tri]
cuatro	**чотири**	[tʃo'tiri]
cinco	**п'ять**	[pʲʲatʲ]
seis	**шість**	[ʃistʲ]
siete	**сім**	[sim]
ocho	**вісім**	['wisim]
nueve	**дев'ять**	['dɛwʲʲatʲ]
diez	**десять**	['dɛsʲatʲ]
once	**одинадцять**	[odi'nadtsʲatʲ]
doce	**дванадцять**	[dwa'nadtsʲatʲ]
trece	**тринадцять**	[tri'nadtsʲatʲ]
catorce	**чотирнадцять**	[tʃotir'nadtsʲatʲ]
quince	**п'ятнадцять**	[pʲʲat'nadtsʲatʲ]
dieciséis	**шістнадцять**	[ʃist'nadtsʲatʲ]
diecisiete	**сімнадцять**	[sim'nadtsʲatʲ]
dieciocho	**вісімнадцять**	[wisim'nadtsʲatʲ]
diecinueve	**дев'ятнадцять**	[dɛwʲʲat'nadtsʲatʲ]
veinte	**двадцять**	['dwadtsʲatʲ]
veintiuno	**двадцять один**	['dwadtsʲatʲ o'din]
veintidós	**двадцять два**	['dwadtsʲatʲ dwa]
veintitrés	**двадцять три**	['dwadtsʲatʲ tri]
treinta	**тридцять**	['tridtsʲatʲ]
treinta y uno	**тридцять один**	['tridtsʲatʲ o'din]
treinta y dos	**тридцять два**	['tridtsʲatʲ dwa]
treinta y tres	**тридцять три**	['tridtsʲatʲ tri]
cuarenta	**сорок**	['sɔrok]
cuarenta y uno	**сорок один**	['sɔrok o'din]
cuarenta y dos	**сорок два**	['sɔrok dwa]
cuarenta y tres	**сорок три**	['sɔrok tri]
cincuenta	**п'ятдесят**	[pʲʲatdɛ'sʲat]
cincuenta y uno	**п'ятдесят один**	[pʲʲatdɛ'sʲat o'din]
cincuenta y dos	**п'ятдесят два**	[pʲʲatdɛ'sʲat dwa]
cincuenta y tres	**п'ятдесят три**	[pʲʲatdɛ'sʲat tri]
sesenta	**шістдесят**	[ʃizdɛ'sʲat]

sesenta y uno	шістдесят один	[ʃizdɛ'sʲat o'din]
sesenta y dos	шістдесят два	[ʃizdɛ'sʲat dwa]
sesenta y tres	шістдесят три	[ʃizdɛ'sʲat tri]
setenta	сімдесят	[simdɛ'sʲat]
setenta y uno	сімдесят один	[simdɛ'sʲat odin]
setenta y dos	сімдесят два	[simdɛ'sʲat dwa]
setenta y tres	сімдесят три	[simdɛ'sʲat tri]
ochenta	вісімдесят	[wisimdɛ'sʲat]
ochenta y uno	вісімдесят один	[wisimdɛ'sʲat o'din]
ochenta y dos	вісімдесят два	[wisimdɛ'sʲat dwa]
ochenta y tres	вісімдесят три	[wisimdɛ'sʲat tri]
noventa	дев'яносто	[dɛwʲa'nɔsto]
noventa y uno	дев'яносто один	[dɛwʲa'nɔsto o'din]
noventa y dos	дев'яносто два	[dɛwʲa'nɔsto dwa]
noventa y tres	дев'яносто три	[dɛwʲa'nɔsto tri]

8. Números cardinales. Unidad 2

cien	сто	[sto]
doscientos	двісті	['dwisti]
trescientos	триста	['trista]
cuatrocientos	чотириста	[ʧo'tirista]
quinientos	п'ятсот	[pʲa'tsɔt]
seiscientos	шістсот	[ʃist'sɔt]
setecientos	сімсот	[sim'sɔt]
ochocientos	вісімсот	[wisim'sɔt]
novecientos	дев'ятсот	[dɛwʲa'tsɔt]
mil	тисяча	['tisʲaʧa]
dos mil	дві тисячі	[dwi 'tisʲaʧi]
tres mil	три тисячі	[tri 'tisʲaʧi]
diez mil	десять тисяч	['dɛsʲatʲ 'tisʲaʧ]
cien mil	сто тисяч	[sto 'tisʲaʧ]
millón (m)	мільйон (ч)	[milʲˈjɔn]
mil millones	мільярд (ч)	[miˈlʲjard]

9. Números ordinales

primero (adj)	перший	['pɛrʃij]
segundo (adj)	другий	['druhij]
tercero (adj)	третій	['trɛtij]
cuarto (adj)	четвертий	[ʧɛt'wɛrtij]
quinto (adj)	п'ятий	['pʲatij]
sexto (adj)	шостий	['ʃɔstij]

séptimo (adj)	сьомий	['sɔmɪj]
octavo (adj)	восьмий	['wɔsʲmij]
noveno (adj)	дев'ятий	[dɛ'wʲʲatij]
décimo (adj)	десятий	[dɛ'sʲatij]

T&P BOOKS

LOS COLORES.
LAS UNIDADES DE MEDIDA

T&P Books Publishing

10. Los colores

color (m)	колір (ч)	['kɔlir]
matiz (m)	відтінок (ч)	[wid'tinok]
tono (m)	тон (ч)	[ton]
arco (m) iris	веселка (ж)	[wɛ'sɛlka]
blanco (adj)	білий	['biłij]
negro (adj)	чорний	['tʃɔrnij]
gris (adj)	сірий	['sirij]
verde (adj)	зелений	[zɛ'lɛnij]
amarillo (adj)	жовтий	['ʒɔwtij]
rojo (adj)	червоний	[tʃɛr'wɔnij]
azul (adj)	синій	['sinij]
azul claro (adj)	блакитний	[bla'kitnij]
rosa (adj)	рожевий	[ro'ʒɛwij]
naranja (adj)	помаранчевий	[poma'rantʃɛwij]
violeta (adj)	фіолетовий	[fio'lɛtowij]
marrón (adj)	коричневий	[ko'ritʃnɛwij]
dorado (adj)	золотий	[zolo'tij]
argentado (adj)	сріблястий	[srib'lʲastij]
beige (adj)	бежевий	['bɛʒɛwij]
crema (adj)	кремовий	['krɛmowij]
turquesa (adj)	бірюзовий	[birʲu'zɔwij]
rojo cereza (adj)	вишневий	[wiʃ'nɛwij]
lila (adj)	бузковий	[buz'kɔwij]
carmesí (adj)	малиновий	[ma'łinowij]
claro (adj)	світлий	['switłij]
oscuro (adj)	темний	['tɛmnij]
vivo (adj)	яскравий	[jas'krawij]
de color (lápiz ~)	кольоровий	[kolʲo'rɔwij]
en colores (película ~)	кольоровий	[kolʲo'rɔwij]
blanco y negro (adj)	чорно-білий	['tʃɔrno 'biłij]
unicolor (adj)	однобарвний	[odno'barwnij]
multicolor (adj)	різнобарвний	[rizno'barwnij]

11. Las unidades de medida

peso (m)	вага (ж)	[wa'ɦa]
longitud (f)	довжина (ж)	[dowʒi'na]

anchura (f)	ширина (ж)	[ʃiri'na]
altura (f)	висота (ж)	[wiso'ta]
profundidad (f)	глибина (ж)	[ɦɫibi'na]
volumen (m)	об'єм (ч)	[o'bʲɛm]
área (f)	площа (ж)	['ploɕa]
gramo (m)	грам (ч)	[ɦram]
miligramo (m)	міліграм (ч)	[mili'ɦram]
kilogramo (m)	кілограм (ч)	[kilo'ɦram]
tonelada (f)	тонна (ж)	['tɔna]
libra (f)	фунт (ч)	['funt]
onza (f)	унція (ж)	['unʦiʲa]
metro (m)	метр (ч)	[mɛtr]
milímetro (m)	мілімeтр (ч)	[mili'mɛtr]
centímetro (m)	сантиметр (ч)	[santi'mɛtr]
kilómetro (m)	кілометр (ч)	[kilo'mɛtr]
milla (f)	миля (ж)	['miʎa]
pulgada (f)	дюйм (ч)	[dʲujm]
pie (m)	фут (ч)	[fut]
yarda (f)	ярд (ч)	[jard]
metro (m) cuadrado	квадратний метр (ч)	[kwad'ratnij mɛtr]
hectárea (f)	гектар (ч)	[ɦɛk'tar]
litro (m)	літр (ч)	[litr]
grado (m)	градус (ч)	['ɦradus]
voltio (m)	вольт (ч)	[wolʲt]
amperio (m)	ампер (ч)	[am'pɛr]
caballo (m) de fuerza	кінська сила (ж)	['kinsʲka 'sila]
cantidad (f)	кількість (ж)	['kilʲkistʲ]
un poco de ...	небагато ...	[nɛba'ɦato]
mitad (f)	половина (ж)	[polo'wina]
docena (f)	дюжина (ж)	['dʲuʒina]
pieza (f)	штука (ж)	['ʃtuka]
dimensión (f)	розмір (ч)	['rɔzmir]
escala (f) (del mapa)	масштаб (ч)	[masʃ'tab]
mínimo (adj)	мінімальний	[mini'malʲnij]
el más pequeño (adj)	найменший	[naj'mɛnʃij]
medio (adj)	середній	[sɛ'rɛdnij]
máximo (adj)	максимальний	[maksi'malʲnij]
el más grande (adj)	найбільший	[naj'bilʲʃij]

12. Contenedores

tarro (m) de vidrio	банка (ж)	['banka]
lata (f)	банка (ж)	['banka]

cubo (m)	**відро** (с)	[wid'rɔ]
barril (m)	**бочка** (ж)	['bɔʧka]
palangana (f)	**таз** (ч)	[taz]
tanque (m)	**бак** (ч)	[bak]
petaca (f) (de alcohol)	**фляжка** (ж)	['flʲaʒka]
bidón (m) de gasolina	**каністра** (ж)	[ka'nistra]
cisterna (f)	**цистерна** (ж)	[tsis'tɛrna]
taza (f) (mug de cerámica)	**кухоль** (ч)	['kuholʲ]
taza (f) (~ de café)	**чашка** (ж)	['ʧaʃka]
platillo (m)	**блюдце** (с)	['blʲudtsɛ]
vaso (m) (~ de agua)	**склянка** (ж)	['sklʲanka]
copa (f) (~ de vino)	**келих** (ч)	['kɛlih]
olla (f)	**каструля** (ж)	[kas'trulʲa]
botella (f)	**пляшка** (ж)	['plʲaʃka]
cuello (m) de botella	**шийка** (ж)	['ʃijka]
garrafa (f)	**карафа** (ж)	[ka'rafa]
jarro (m) (~ de agua)	**глечик** (ч)	['ɦlɛʧik]
recipiente (m)	**посудина** (ж)	[po'sudina]
tarro (m)	**горщик** (ч)	['ɦɔrɕik]
florero (m)	**ваза** (ж)	['waza]
frasco (m) (~ de perfume)	**флакон** (ч)	[fla'kɔn]
frasquito (m)	**пляшечка** (ж)	['plʲaʃɛʧka]
tubo (m)	**тюбик** (ч)	['tʲubik]
saco (m) (~ de azúcar)	**мішок** (ч)	[mi'ʃɔk]
bolsa (f) (~ plástica)	**пакет** (ч)	[pa'kɛt]
paquete (m) (~ de cigarrillos)	**пачка** (ж)	['paʧka]
caja (f)	**коробка** (ж)	[ko'rɔbka]
cajón (m) (~ de madera)	**ящик** (ч)	['ʲaɕik]
cesta (f)	**кошик** (ч)	['kɔʃik]

LOS VERBOS
MÁS IMPORTANTES

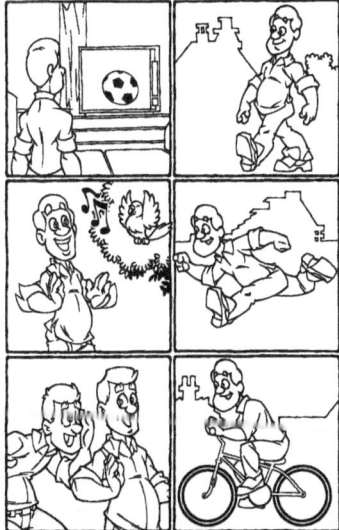

T&P Books Publishing

abrir (vt)	відчинити	[widtʃi'niti]
acabar, terminar (vt)	закінчувати	[za'kintʃuwati]
aconsejar (vt)	радити	['raditi]
adivinar (vt)	відгадати	[widɦa'dati]
advertir (vt)	попереджувати	[popɛ'rɛʤuwati]
alabarse, jactarse (vr)	хвастатися	['hwastatisʲa]
almorzar (vi)	обідати	[o'bidati]
alquilar (~ una casa)	наймати	[naj'mati]
amenazar (vt)	погрожувати	[poɦ'rɔʒuwati]
arrepentirse (vr)	жалкувати	[ʒalku'wati]
ayudar (vt)	допомагати	[dopoma'ɦati]
bañarse (vr)	купатися	[ku'patisʲa]
bromear (vi)	жартувати	[ʒartu'wati]
buscar (vt)	шукати	[ʃu'kati]
caer (vi)	падати	['padati]
callarse (vr)	мовчати	[mow'tʃati]
cambiar (vt)	поміняти	[pomi'nʲati]
castigar, punir (vt)	покарати	[poka'rati]
cavar (vt)	рити	['riti]
cazar (vi, vt)	полювати	[polʲu'wati]
cenar (vi)	вечеряти	[wɛ'tʃɛrʲati]
cesar (vt)	припиняти	[pripi'nʲati]
coger (vt)	ловити	[lo'witi]
comenzar (vt)	починати	[potʃi'nati]
comparar (vt)	зрівнювати	['zriwnʲuwati]
comprender (vt)	розуміти	[rozu'miti]
confiar (vt)	довіряти	[dowi'rʲati]
confundir (vt)	помилятися	[pomi'lʲatisʲa]
conocer (~ a alguien)	знати	['znati]
contar (vt) (enumerar)	лічити	[li'tʃiti]
contar con ...	розраховувати на ...	[rozra'hɔwuwatɨ na]
continuar (vt)	продовжувати	[pro'dɔwʒuwati]
controlar (vt)	контролювати	[kontrolʲu'wati]
correr (vi)	бігти	['biɦti]
costar (vt)	коштувати	['kɔʃtuwati]
crear (vt)	створити	[stwo'riti]

14. Los verbos más importantes. Unidad 2

dar (vt)	давати	[da'wati]
dar una pista	натякати	[natʲa'kati]
decir (vt)	сказати	[ska'zati]
decorar (para la fiesta)	прикрашати	[prikra'ʃati]
defender (vt)	захищати	[zahi'ɕati]
dejar caer	упускати	[upus'kati]
desayunar (vi)	снідати	['snidati]
descender (vi)	спускатися	[spus'katisʲa]
dirigir (administrar)	керувати	[kɛru'wati]
disculparse (vr)	вибачатися	[wiba'tʃatisʲa]
discutir (vt)	обговорювати	[obɦo'worʲuwati]
dudar (vt)	сумніватися	[sumni'watisʲa]
encontrar (hallar)	знаходити	[zna'ɦoditi]
engañar (vi, vt)	обманювати	[ob'manʲuwati]
entrar (vi)	входити	['wɦoditi]
enviar (vt)	відправляти	[widpraw'lʲati]
equivocarse (vr)	помилятися	[pomi'lʲatisʲa]
escoger (vt)	вибирати	[wibi'rati]
esconder (vt)	ховати	[ho'wati]
escribir (vt)	писати	[pi'sati]
esperar (aguardar)	чекати	[tʃɛ'kati]
esperar (tener esperanza)	сподіватися	[spodi'watisʲa]
estar de acuerdo	погоджуватися	[po'ɦodʒuwatisʲa]
estudiar (vt)	вивчати	[wiw'tʃati]
exigir (vt)	вимагати	[wima'ɦati]
existir (vi)	існувати	[isnu'wati]
explicar (vt)	пояснювати	[poʲ'asnʲuwati]
faltar (a las clases)	пропускати	[propus'kati]
firmar (~ el contrato)	підписувати	[pid'pisuwati]
girar (~ a la izquierda)	повертати	[powɛr'tati]
gritar (vi)	кричати	[kri'tʃati]
guardar (conservar)	зберігати	[zbɛri'ɦati]
gustar (vi)	подобатися	[po'dobatisʲa]
hablar (vi, vt)	розмовляти	[rozmow'lʲati]
hacer (vt)	робити	[ro'biti]
informar (vt)	інформувати	[informu'wati]
insistir (vi)	наполягати	[napolʲa'ɦati]
insultar (vt)	ображати	[obra'ʒati]
interesarse (vr)	цікавитися	[tsi'kawitisʲa]
invitar (vt)	запрошувати	[za'proʃuwati]

ir (a pie)	йти	[jti]
jugar (divertirse)	грати	['ɦrati]

15. Los verbos más importantes. Unidad 3

leer (vi, vt)	читати	[ʧi'tati]
liberar (ciudad, etc.)	звільняти	[zwilʲ'nʲati]
llamar (por ayuda)	кликати	['klikati]
llegar (vi)	приїжджати	[priji'ʒati]
llorar (vi)	плакати	['plakati]

matar (vt)	убивати	[ubi'wati]
mencionar (vt)	згадувати	['zɦaduwati]
mostrar (vt)	показувати	[po'kazuwati]
nadar (vi)	плавати	['plawati]

negarse (vr)	відмовлятися	[widmow'lʲatisʲa]
objetar (vt)	заперечувати	[zapɛ'rɛʧuwati]
observar (vt)	спостерігати	[spostɛri'ɦati]
oír (vt)	чути	['ʧuti]

olvidar (vt)	забувати	[zabu'wati]
orar (vi)	молитися	[mo'litisʲa]
ordenar (mil.)	наказувати	[na'kazuwati]
pagar (vi, vt)	платити	[pla'titi]
pararse (vr)	зупинятися	[zupi'nʲatisʲa]

participar (vi)	брати участь	['brati 'uʧastʲ]
pedir (ayuda, etc.)	просити	[pro'siti]
pedir (en restaurante)	замовляти	[zamow'lʲati]
pensar (vi, vt)	думати	['dumati]

percibir (ver)	помічати	[pomi'ʧati]
perdonar (vt)	прощати	[pro'ɕati]
permitir (vt)	дозволяти	[dozwo'lʲati]
pertenecer a ...	належати	[na'lɛʒati]

planear (vt)	планувати	[planu'wati]
poder (v aux)	могти	[moɦ'ti]
poseer (vt)	володіти	[wolo'diti]
preferir (vt)	воліти	[wo'liti]
preguntar (vt)	запитувати	[za'pituwati]

preparar (la cena)	готувати	[ɦotu'wati]
prever (vt)	передбачити	[pɛrɛd'baʧiti]
probar, tentar (vt)	пробувати	['probuwati]
prometer (vt)	обіцяти	[obi'tsʲati]
pronunciar (vt)	вимовляти	[wimow'lʲati]
proponer (vt)	пропонувати	[proponu'wati]
quebrar (vt)	ламати	[la'mati]

quejarse (vr)	скаржитися	['skarʒitisʲa]
querer (amar)	кохати	[ko'hati]
querer (desear)	хотіти	[ho'titi]

16. Los verbos más importantes. Unidad 4

recomendar (vt)	рекомендувати	[rɛkomɛndu'wati]
regañar, reprender (vt)	лаяти	['laʲati]
reírse (vr)	сміятися	[smiʲ'atisʲa]
repetir (vt)	повторювати	[pow'torʲuwati]
reservar (~ una mesa)	резервувати	[rɛzɛrwu'wati]
responder (vi, vt)	відповідати	[widpowi'dati]

robar (vt)	красти	['krasti]
saber (~ algo mas)	знати	['znati]
salir (vi)	виходити	[wi'hɔditi]
salvar (vt)	рятувати	[rʲatu'wati]
seguir …	іти слідом	[i'ti 'slidom]
sentarse (vr)	сідати	[si'dati]

ser necesario	бути потрібним	['buti po'tribnim]
ser, estar (vi)	бути	['buti]
significar (vt)	означати	[ozna'tʃati]
sonreír (vi)	посміхатися	[posmi'hatisʲa]
sorprenderse (vr)	дивуватись	[diwu'watisʲ]

subestimar (vt)	недооцінювати	[nɛdoo'tsinʲuwati]
tener (vt)	мати	['mati]
tener hambre	хотіти їсти	[ho'titi 'jisti]
tener miedo	боятися	[boʲ'atisʲa]

tener prisa	поспішати	[pospi'ʃati]
tener sed	хотіти пити	[ho'titi 'piti]
tirar, disparar (vi)	стріляти	[stri'lʲati]
tocar (con las manos)	торкати	[tor'kati]
tomar (vt)	брати	['brati]
tomar nota	записувати	[za'pisuwati]

trabajar (vi)	працювати	[pratsʲu'wati]
traducir (vt)	перекладати	[pɛrɛkla'dati]
unir (vt)	об'єднувати	[o'bʲɛdnuwati]
vender (vt)	продавати	[proda'wati]
ver (vt)	бачити	['batʃiti]
volar (pájaro, avión)	летіти	[lɛ'titi]

LA HORA. EL CALENDARIO

T&P Books Publishing

17. Los días de la semana

lunes (m)	понеділок (ч)	[ponɛ'dilok]
martes (m)	вівторок (ч)	[wiw'tɔrok]
miércoles (m)	середа (ж)	[sɛrɛ'da]
jueves (m)	четвер (ч)	[t͡ʃɛt'wɛr]
viernes (m)	п'ятниця (ж)	['pʲatnit͡sʲa]
sábado (m)	субота (ж)	[su'bɔta]
domingo (m)	неділя (ж)	[nɛ'dilʲa]

hoy (adv)	сьогодні	[sʲo'ɦɔdni]
mañana (adv)	завтра	['zawtra]
pasado mañana	післязавтра	[pislʲa'zawtra]
ayer (adv)	вчора	['wt͡ʃora]
anteayer (adv)	позавчора	[pozaw't͡ʃora]

día (m)	день (ч)	[dɛnʲ]
día (m) de trabajo	робочий день (ч)	[ro'bɔt͡ʃij dɛnʲ]
día (m) de fiesta	святковий день (ч)	[swʲat'kɔwij dɛnʲ]
día (m) de descanso	вихідний день (ч)	[wiɦid'nij dɛnʲ]
fin (m) de semana	вихідні (мн)	[wiɦid'ni]

todo el día	весь день	[wɛsʲ dɛnʲ]
al día siguiente	на наступний день	[na na'stupnij dɛnʲ]
dos días atrás	2 дні тому	[dwa dni 'tɔmu]
en vísperas (adv)	напередодні	[napɛrɛ'dɔdni]
diario (adj)	щоденний	[ɕo'dɛnij]
cada día (adv)	щодня	[ɕod'nʲa]

semana (f)	тиждень (ч)	['tiʒdɛnʲ]
semana (f) pasada	на минулому тижні	[na miʲnulomu 'tiʒni]
semana (f) que viene	на наступному тижні	[na na'stupnomu 'tiʒni]
semanal (adj)	щотижневий	[ɕotiʒ'nɛwij]
cada semana (adv)	щотижня	[ɕo'tiʒnʲa]
2 veces por semana	два рази на тиждень	[dwa 'razi na 'tiʒdɛnʲ]
todos los martes	кожен вівторок	['kɔʒɛn wiw'tɔrok]

18. Las horas. El día y la noche

mañana (f)	ранок (ч)	['ranok]
por la mañana	вранці	['wrant͡si]
mediodía (m)	полудень (ч)	['pɔludɛnʲ]
por la tarde	після обіду	['pislʲa o'bidu]
noche (f)	вечір (ч)	['wɛt͡ʃir]

por la noche	увечері	[u'wɛtʃɛri]
noche (f) (p.ej. 2:00 a.m.)	ніч (ж)	[nitʃ]
por la noche	уночі	[uno'tʃi]
medianoche (f)	північ (ж)	['piwnitʃ]

segundo (m)	секунда (ж)	[sɛ'kunda]
minuto (m)	хвилина (ж)	[hwi'lina]
hora (f)	година (ж)	[ɦo'dina]
media hora (f)	півгодини (мн)	[piwɦo'dini]
cuarto (m) de hora	чверть (ж) години	[tʃwɛrtʲ ɦo'dini]
quince minutos	15 хвилин	[pʲat'nadtsʲatʲ hwi'lin]
veinticuatro horas	доба (ж)	[do'ba]

salida (f) del sol	схід (ч) сонця	[shid 'sɔntsʲa]
amanecer (m)	світанок (ч)	[swi'tanok]
madrugada (f)	ранній ранок (ч)	['ranij 'ranok]
puesta (f) del sol	захід (ч)	['zahid]

de madrugada	рано вранці	['rano 'wrantsi]
esta mañana	сьогодні вранці	[sʲo'ɦodni 'wrantsi]
mañana por la mañana	завтра вранці	['zawtra 'wrantsi]

esta tarde	сьогодні вдень	[sʲo'ɦodni wdɛnʲ]
por la tarde	після обіду	['pislʲa o'bidu]
mañana por la tarde	завтра після обіду (ч)	['zawtra 'pislʲa o'bidu]

esta noche (p.ej. 8:00 p.m.)	сьогодні увечері	[sʲo'ɦodni u'wɛtʃɛri]
mañana por la noche	завтра увечері	['zawtra u'wɛtʃɛri]

a las tres en punto	рівно о третій годині	['riwno o t'rɛtij ɦo'dini]
a eso de las cuatro	біля четвертої години	['bilʲa tʃɛt'wɛrtoji ɦo'dini]
para las doce	до дванадцятої години	[do dwa'nadtsʲatoji ɦo'dini]

dentro de veinte minutos	за двадцять хвилин	[za 'dwadtsʲatʲ hwi'lin]
dentro de una hora	за годину	[za ɦo'dinu]
a tiempo (adv)	вчасно	['wtʃasno]

… menos cuarto	без чверті	[bɛz 'tʃwɛrti]
durante una hora	на протязі години	[na 'protʲazi ɦo'dini]
cada quince minutos	що п'ятнадцять хвилин	[ɕo pʲat'nadtsʲatʲ hwi'lin]
día y noche	цілодобово	[tsilodo'bɔwo]

19. Los meses. Las estaciones

enero (m)	січень (ч)	['sitʃɛnʲ]
febrero (m)	лютий (ч)	['lʲutij]
marzo (m)	березень (ч)	['bɛrɛzɛnʲ]
abril (m)	квітень (ч)	['kwitɛnʲ]
mayo (m)	травень (ч)	['trawɛnʲ]

junio (m)	червень (ч)	['tʃɛrwɛnʲ]
julio (m)	липень (ч)	['lipɛnʲ]
agosto (m)	серпень (ч)	['sɛrpɛnʲ]
septiembre (m)	вересень (ч)	['wɛrɛsɛnʲ]
octubre (m)	жовтень (ч)	['ʒɔwtɛnʲ]
noviembre (m)	листопад (ч)	[listo'pad]
diciembre (m)	грудень (ч)	['ɦrudɛnʲ]

primavera (f)	весна (ж)	[wɛs'na]
en primavera	навесні	[nawɛs'ni]
de primavera (adj)	весняний	[wɛs'nʲanij]

verano (m)	літо (с)	['lito]
en verano	влітку	['wlitku]
de verano (adj)	літній	['litnij]

otoño (m)	осінь (ж)	['ɔsinʲ]
en otoño	восени	[wosɛ'ni]
de otoño (adj)	осінній	[o'sinij]

invierno (m)	зима (ж)	[zi'ma]
en invierno	взимку	['wzimku]
de invierno (adj)	зимовий	[zi'mɔwij]

mes (m)	місяць (ч)	['misʲats]
este mes	в цьому місяці (ч)	[w tsʲomu 'misʲatsi]
al mes siguiente	в наступному місяці (ч)	[w na'stupnomu 'misʲatsi]
el mes pasado	в минулому місяці (ч)	[w mi'nulomu 'misʲatsi]

hace un mes	місяць (ч) тому	['misʲats to'mu]
dentro de un mes	через місяць	['tʃɛrɛz 'misʲats]
dentro de dos meses	через 2 місяці	['tʃɛrɛz dwa 'misʲatsi]
todo el mes	весь місяць (ч)	[wɛsʲ 'misʲats]
todo un mes	цілий місяць	['tsilij 'misʲats]

mensual (adj)	щомісячний	[ɕo'misʲatʃnij]
mensualmente (adv)	щомісяця	[ɕo'misʲatsʲa]
cada mes	кожний місяць (ч)	['kɔʒnij 'misʲats]
dos veces por mes	два рази на місяць	[dwa 'razi na 'misʲats]

año (m)	рік (ч)	[rik]
este año	в цьому році	[w tsʲomu 'rɔtsi]
el próximo año	в наступному році	[w na'stupnomu 'rɔtsi]
el año pasado	в минулому році	[w mi'nulomu 'rɔtsi]

hace un año	рік тому	[rik 'tomu]
dentro de un año	через рік	['tʃɛrɛz rik]
dentro de dos años	через два роки	['tʃɛrɛz dwa 'rɔki]
todo el año	увесь рік	[u'wɛsʲ rik]
todo un año	цілий рік	['tsilij rik]
cada año	кожен рік	['kɔʒɛn 'rik]
anual (adj)	щорічний	[ɕo'ritʃnij]

| anualmente (adv) | щороку | [ɕoˈrɔku] |
| cuatro veces por año | чотири рази на рік | [ʧoˈtirɨ ˈrazɨ na rik] |

fecha (f) (la ~ de hoy es …)	число (c)	[ʧisˈlɔ]
fecha (f) (~ de entrega)	дата (ж)	[ˈdata]
calendario (m)	календар (ч)	[kalɛnˈdar]

medio año (m)	півроку	[piwˈrɔku]
seis meses	півріччя (c)	[piwˈritʃʲa]
estación (f)	сезон (ч)	[sɛˈzɔn]
siglo (m)	вік (ч)	[wik]

T&P BOOKS

EL VIAJE. EL HOTEL

T&P Books Publishing

20. Las vacaciones. El viaje

turismo (m)	туризм (ч)	[tu'rizm]
turista (m)	турист (ч)	[tu'rist]
viaje (m)	мандрівка (ж)	[mand'riwka]
aventura (f)	пригода (ж)	[pri'ɦɔda]
viaje (m) (p.ej. ~ en coche)	поїздка (ж)	[po'jizdka]
vacaciones (f pl)	відпустка (ж)	[wid'pustka]
estar de vacaciones	бути у відпустці	['buti u wid'pusttsi]
descanso (m)	відпочинок (ч)	[widpo'tʃinok]
tren (m)	поїзд (ч)	['pɔjizd]
en tren	поїздом	['pɔjizdom]
avión (m)	літак (ч)	[li'tak]
en avión	літаком	[lita'kɔm]
en coche	автомобілем	[awtomo'bilɛm]
en barco	кораблем	[korab'lɛm]
equipaje (m)	багаж (ч)	[ba'ɦaʒ]
maleta (f)	валіза (ж)	[wa'liza]
carrito (m) de equipaje	візок (ч) для багажу	[wi'zɔk dlʲa baɦa'ʒu]
pasaporte (m)	паспорт (ч)	['pasport]
visado (m)	віза (ж)	['wiza]
billete (m)	квиток (ч)	[kwi'tɔk]
billete (m) de avión	авіаквиток (ч)	[awiakwi'tɔk]
guía (f) (libro)	путівник (ч)	[putiw'nik]
mapa (m)	карта (ж)	['karta]
área (f) (~ rural)	місцевість (ж)	[mis'tsɛwistʲ]
lugar (m)	місце (c)	['mistsɛ]
exotismo (m)	екзотика (ж)	[ɛk'zɔtika]
exótico (adj)	екзотичний	[ɛkzo'titʃnij]
asombroso (adj)	дивовижний	['diwowiʒnij]
grupo (m)	група (ж)	['ɦrupa]
excursión (f)	екскурсія (ж)	[ɛks'kursiʲa]
guía (m) (persona)	екскурсовод (ч)	[ɛkskurso'wɔd]

21. El hotel

hotel (m)	готель (ч)	[ɦo'tɛlʲ]
motel (m)	мотель (ч)	[mo'tɛlʲ]

de tres estrellas	три зірки	[tri 'zirki]
de cinco estrellas	п'ять зірок	[pʲatʲ zi'rok]
hospedarse (vr)	зупинитися	[zupi'nitisʲa]
habitación (f)	номер (ч)	['nɔmɛr]
habitación (f) individual	одномісний номер (ч)	[odno'misnij nomɛr]
habitación (f) doble	двомісний номер (ч)	[dwo'misnij 'nɔmɛr]
reservar una habitación	резервувати номер	[rɛzɛrwu'wati 'nɔmɛr]
media pensión (f)	напівпансіон (ч)	[napiwpansi'ɔn]
pensión (f) completa	повний пансіон (ч)	['pɔwnij pansi'ɔn]
con baño	з ванною	[z 'wanoʲu]
con ducha	з душем	[z 'duʃɛm]
televisión (f) satélite	супутникове телебачення (с)	[su'putnikowɛ tɛlɛ'batʃɛnʲa]
climatizador (m)	кондиціонер (ч)	[konditsio'nɛr]
toalla (f)	рушник (ч)	[ruʃ'nik]
llave (f)	ключ (ч)	[klʲutʃ]
administrador (m)	адміністратор (ч)	[admini'strator]
camarera (f)	покоївка (ж)	[poko'jiwka]
maletero (m)	носильник (ч)	[no'silʲnik]
portero (m)	портьє (ч)	[por'tʲɛ]
restaurante (m)	ресторан (ч)	[rɛsto'ran]
bar (m)	бар (ч)	[bar]
desayuno (m)	сніданок (ч)	[sni'danok]
cena (f)	вечеря (ж)	[wɛ'tʃɛrʲa]
buffet (m) libre	шведський стіл (ч)	['ʃwɛdsʲkij stil]
vestíbulo (m)	вестибюль (ч)	[wɛsti'bʲulʲ]
ascensor (m)	ліфт (ч)	[lift]
NO MOLESTAR	НЕ ТУРБУВАТИ	[nɛ turbu'wati]
PROHIBIDO FUMAR	ПАЛИТИ ЗАБОРОНЕНО	[pa'liti zabo'rɔnɛno]

22. El turismo. La excursión

monumento (m)	пам'ятник (ч)	['pamʲatnik]
fortaleza (f)	фортеця (ж)	[for'tɛtsʲa]
palacio (m)	палац (ч)	[pa'lats]
castillo (m)	замок (ч)	['zamok]
torre (f)	вежа (ж)	['wɛʒa]
mausoleo (m)	мавзолей (ч)	[mawzo'lɛj]
arquitectura (f)	архітектура (ж)	[arhitɛk'tura]
medieval (adj)	середньовічний	[sɛrɛdnʲo'witʃnij]
antiguo (adj)	старовинний	[staro'winij]
nacional (adj)	національний	[natsio'nalʲnij]

conocido (adj)	**відомий**	[wi'domij]
turista (m)	**турист** (ч)	[tu'rist]
guía (m) (persona)	**гід** (ч)	[ɦid]
excursión (f)	**екскурсія** (ж)	[ɛks'kursiʲa]
mostrar (vt)	**показувати**	[po'kazuwati]
contar (una historia)	**розповідати**	[rozpowi'dati]
encontrar (hallar)	**знайти**	[znaj'ti]
perderse (vr)	**загубитися**	[zaɦu'bitisʲa]
plano (m) (~ de metro)	**схема** (ж)	['sɦɛma]
mapa (m) (~ de la ciudad)	**план** (ч)	[plan]
recuerdo (m)	**сувенір** (ч)	[suwɛ'nir]
tienda (f) de regalos	**магазин** (ч) **сувенірів**	[maɦa'zin suwɛ'niriw]
hacer fotos	**фотографувати**	[fotoɦrafu'wati]
fotografiarse (vr)	**фотографуватися**	[fotoɦrafu'watisʲa]

EL TRANSPORTE

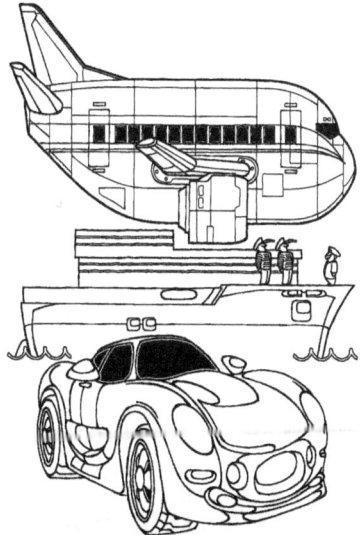

T&P Books Publishing

aeropuerto (m)	аеропорт (ч)	[aɛro'pɔrt]
avión (m)	літак (ч)	[li'tak]
compañía (f) aérea	авіакомпанія (ж)	[awiakom'paniʲa]
controlador (m) aéreo	диспетчер (ч)	[dis'pɛʧɛr]

despegue (m)	виліт (ч)	['wilit]
llegada (f)	приліт (ч)	[pri'lit]
llegar (en avión)	прилетіти	[pri'lɛtiti]

| hora (f) de salida | час (ч) вильоту | [ʧas 'wilʲotu] |
| hora (f) de llegada | час (ч) прильоту | [ʧas prilʲotu] |

| retrasarse (vr) | затримуватися | [za'trimuwatisʲa] |
| retraso (m) de vuelo | затримка (ж) вильоту | [za'trimka 'wilʲotu] |

pantalla (f) de información	інформаційне табло (с)	[informa'tsijnɛ tab'lɔ]
información (f)	інформація (ж)	[infor'matsiʲa]
anunciar (vt)	оголошувати	[oɦo'lɔʃuwati]
vuelo (m)	рейс (ч)	[rɛjs]

| aduana (f) | митниця (ж) | ['mitnitsʲa] |
| aduanero (m) | митник (ч) | ['mitnik] |

declaración (f) de aduana	декларація (ж)	[dɛkla'ratsiʲa]
rellenar (vt)	заповнити	[za'pɔwniti]
rellenar la declaración	заповнити декларацію	[za'pɔwniti dɛkla'ratsiʲu]
control (m) de pasaportes	паспортний контроль (ч)	['pasportnij kon'trɔlʲ]

equipaje (m)	багаж (ч)	[ba'ɦaʒ]
equipaje (m) de mano	ручний вантаж (ж)	[ruʧ'nij wan'taʒ]
carrito (m) de equipaje	візок (ч) для багажу	[wi'zɔk dlʲa baɦa'ʒu]

aterrizaje (m)	посадка (ж)	[po'sadka]
pista (f) de aterrizaje	посадкова смуга (ж)	[po'sadkowa 'smuɦa]
aterrizar (vi)	сідати	[si'dati]
escaleras (f pl) (de avión)	трап (ч)	[trap]

| facturación (f) (check-in) | реєстрація (ж) | [rɛɛ'stratsiʲa] |
| mostrador (m) de facturación | реєстрація (ж) | [rɛɛ'stratsiʲa] |

hacer el check-in	зареєструватися	[zarɛɛstru'watisʲa]
tarjeta (f) de embarque	посадковий талон (ч)	[po'sadkowij ta'lɔn]
puerta (f) de embarque	вихід (ч)	['wiɦid]

tránsito (m)	транзит (ч)	[tran'zit]
esperar (aguardar)	чекати	[ʧɛ'kati]
zona (f) de preembarque	зал (ч) очікування	['zal o'ʧikuwanʲa]
despedir (vt)	проводжати	[prowo'dʒati]
despedirse (vr)	прощатися	[pro'ɕatisʲa]

24. El avión

avión (m)	літак (ч)	[li'tak]
billete (m) de avión	авіаквиток (ч)	[awiakwi'tɔk]
compañía (f) aérea	авіакомпанія (ж)	[awiakom'paniʲa]
aeropuerto (m)	аеропорт (ч)	[aɛro'pɔrt]
supersónico (adj)	надзвуковий	[nadzwuko'wij]

comandante (m)	командир (ч) корабля	[koman'dir korab'lʲa]
tripulación (f)	екіпаж (ч)	[ɛki'paʒ]
piloto (m)	пілот (ч)	[pi'lɔt]
azafata (f)	стюардеса (ж)	[stʲuar'dɛsa]
navegador (m)	штурман (ч)	['ʃturman]

alas (f pl)	крила (мн)	['krila]
cola (f)	хвіст (ч)	[hwist]
cabina (f)	кабіна (ж)	[ka'bina]
motor (m)	двигун (ч)	[dwi'ɦun]
tren (m) de aterrizaje	шасі (с)	[ʃa'si]
turbina (f)	турбіна (ж)	[tur'bina]

hélice (f)	пропелер (ч)	[pro'pɛlɛr]
caja (f) negra	чорна скринька (ж)	['ʧɔrna 'skrinʲka]
timón (m)	штурвал (ч)	[ʃtur'wal]
combustible (m)	пальне (с)	[palʲ'nɛ]

instructivo (m) de seguridad	інструкція (ж)	[inst'ruktsiʲa]
respirador (m) de oxígeno	киснева маска (ж)	['kisnɛwa 'maska]
uniforme (m)	уніформа (ж)	[uni'fɔrma]
chaleco (m) salvavidas	рятувальний жилет (ч)	[rʲatu'walʲnij ʒi'lɛt]
paracaídas (m)	парашут (ч)	[para'ʃut]

despegue (m)	зліт (ч)	[zlit]
despegar (vi)	злітати	[zli'tati]
pista (f) de despegue	злітна смуга (ж)	['zlitna 'smuɦa]

visibilidad (f)	видимість (ж)	['widimistʲ]
vuelo (m)	політ (ч)	[po'lit]
altura (f)	висота (ж)	[wiso'ta]
pozo (m) de aire	повітряна яма (ж)	[po'witrʲana 'jama]

asiento (m)	місце (с)	['mistsɛ]
auriculares (m pl)	навушники (мн)	[na'wuʃniki]
mesita (f) plegable	відкидний столик (ч)	[widkid'nij 'stɔlik]

| ventana (f) | ілюмінатор (ч) | [ilʲumiˈnator] |
| pasillo (m) | прохід (ч) | [proˈhid] |

25. El tren

tren (m)	поїзд (ч)	[ˈpɔjizd]
tren (m) de cercanías	електропоїзд (ч)	[ɛlɛktroˈpɔjizd]
tren (m) rápido	швидкий поїзд (ч)	[ʃwidˈkij ˈpɔjizd]
locomotora (f) diésel	тепловоз (ч)	[tɛploˈwɔz]
tren (m) de vapor	паровоз (ч)	[paroˈwɔz]

| coche (m) | вагон (ч) | [waˈhon] |
| coche (m) restaurante | вагон-ресторан (ч) | [waˈhon rɛstoˈran] |

rieles (m pl)	рейки (мн)	[ˈrɛjki]
ferrocarril (m)	залізниця (ж)	[zalizˈnitsʲa]
traviesa (f)	шпала (ж)	[ˈʃpala]

plataforma (f)	платформа (ж)	[platˈforma]
vía (f)	колія (ж)	[ˈkolʲiʲa]
semáforo (m)	семафор (ч)	[sɛmaˈfor]
estación (f)	станція (ж)	[ˈstantsiʲa]

maquinista (m)	машиніст (ч)	[maʃiˈnist]
maletero (m)	носильник (ч)	[noˈsilʲnik]
mozo (m) del vagón	провідник (ч)	[prowidˈnik]
pasajero (m)	пасажир (ч)	[pasaˈʒir]
revisor (m)	контролер (ч)	[kontroˈlɛr]

| corredor (m) | коридор (ч) | [koriˈdor] |
| freno (m) de urgencia | стоп-кран (ч) | [stop kran] |

compartimiento (m)	купе (с)	[kuˈpɛ]
litera (f)	полиця (ж)	[poˈlitsʲa]
litera (f) de arriba	полиця (ж) верхня	[poˈlitsʲa ˈwɛrhnʲa]
litera (f) de abajo	полиця (ж) нижня	[poˈlitsʲa ˈniʒnʲa]
ropa (f) de cama	білизна (ж)	[biˈlizna]

billete (m)	квиток (ч)	[kwiˈtɔk]
horario (m)	розклад (ч)	[ˈrɔzklad]
pantalla (f) de información	табло (с)	[tabˈlɔ]

partir (vi)	відходити	[widˈhɔditi]
partida (f) (del tren)	відправлення (с)	[widˈprawlɛnʲa]
llegar (tren)	прибувати	[pribuˈwati]
llegada (f)	прибуття (с)	[pributˈtʲa]

llegar en tren	приїхати поїздом	[priˈjihati ˈpɔjizdom]
tomar el tren	сісти на поїзд	[ˈsisti na ˈpɔjizd]
bajar del tren	зійти з поїзду	[zijˈti z ˈpɔjizdu]

descarrilamiento (m)	катастрофа (ж)	[kata'strɔfa]
tren (m) de vapor	паровоз (ч)	[paro'wɔz]
fogonero (m)	кочегар (ч)	[kotʃɛ'ɦar]
hogar (m)	топка (ж)	['tɔpka]
carbón (m)	вугілля (с)	[wu'ɦilʲa]

26. El barco

| barco, buque (m) | корабель (ч) | [kora'bɛlʲ] |
| navío (m) | судно (с) | ['sudno] |

buque (m) de vapor	пароплав (ч)	[paro'plaw]
motonave (f)	теплохід (ч)	[tɛplo'hid]
trasatlántico (m)	лайнер (ч)	['lajnɛr]
crucero (m)	крейсер (ч)	['krɛjsɛr]

yate (m)	яхта (ж)	['ʲahta]
remolcador (m)	буксир (ч)	[buk'sir]
barcaza (f)	баржа (ж)	['barʒa]
ferry (m)	паром (ч)	[pa'rɔm]

| velero (m) | вітрильник (ч) | [wi'trilʲnik] |
| bergantín (m) | бригантина (ж) | [briɦan'tina] |

| rompehielos (m) | криголам (ч) | [kriɦo'lam] |
| submarino (m) | човен (ч) підводний | ['tʃɔwɛn pid'wɔdnij] |

bote (m) de remo	човен (ч)	['tʃɔwɛn]
bote (m)	шлюпка (ж)	['ʃlʲupka]
bote (m) salvavidas	шлюпка (ж) рятувальна	['ʃlʲupka rʲatu'walʲna]
lancha (f) motora	катер (ч)	['katɛr]

capitán (m)	капітан (ч)	[kapi'tan]
marinero (m)	матрос (ч)	[mat'rɔs]
marino (m)	моряк (ч)	[mo'rʲak]
tripulación (f)	екіпаж (ч)	[ɛki'paʒ]

contramaestre (m)	боцман (ч)	['bɔtsman]
grumete (m)	юнга (ч)	['ʲunɦa]
cocinero (m) de abordo	кок (ч)	[kok]
médico (m) del buque	судновий лікар (ч)	['sudnowij 'likar]

cubierta (f)	палуба (ж)	['paluba]
mástil (m)	щогла (ж)	['ɕɔɦla]
vela (f)	вітрило (с)	[wi'trilo]

bodega (f)	трюм (ч)	[trʲum]
proa (f)	ніс (ч)	[nis]
popa (f)	корма (ж)	[kor'ma]
remo (m)	весло (с)	[wɛs'lɔ]

hélice (f)	гвинт (ч)	[ɦwint]
camarote (m)	каюта (ж)	[kaˈʲuta]
sala (f) de oficiales	кают-компанія (ж)	[kaˈʲut komˈpaniʲa]
sala (f) de máquinas	машинне відділення (с)	[maˈʃinɛ widˈdilɛnʲa]
puente (m) de mando	капітанський місток (ч)	[kapiˈtansʲkij misˈtɔk]
sala (f) de radio	радіорубка (ж)	[radioˈrubka]
onda (f)	хвиля (ж)	[ˈhwiʲla]
cuaderno (m) de bitácora	судновий журнал (ч)	[ˈsudnowɨj ʒurˈnal]
anteojo (m)	підзорна труба (ж)	[piˈdzorna truˈba]
campana (f)	дзвін (ч)	[dzwin]
bandera (f)	прапор (ч)	[ˈprapor]
cabo (m) (maroma)	канат (ч)	[kaˈnat]
nudo (m)	вузол (ч)	[ˈwuzol]
pasamano (m)	поручень (ч)	[ˈporutʃɛnʲ]
pasarela (f)	трап (ч)	[trap]
ancla (f)	якір (ч)	[ˈʲakir]
levar ancla	підняти якір	[pidˈnʲati ˈjakir]
echar ancla	кинути якір	[ˈkɨnuti ˈjakir]
cadena (f) del ancla	якірний ланцюг (ч)	[ˈʲakirnij lanˈtsʲuɦ]
puerto (m)	порт (ч)	[port]
embarcadero (m)	причал (ч)	[priˈtʃal]
amarrar (vt)	причалювати	[priˈtʃalʲuwati]
desamarrar (vt)	відчалювати	[widˈtʃalʲuwati]
viaje (m)	подорож (ж)	[ˈpɔdoroʒ]
crucero (m) (viaje)	круїз (ч)	[kruˈjiz]
derrota (f) (rumbo)	курс (ч)	[kurs]
itinerario (m)	маршрут (ч)	[marʃˈrut]
canal (m) navegable	фарватер (ч)	[farˈwatɛr]
bajío (m)	мілина (ж)	[miliˈna]
encallar (vi)	сісти на мілину	[ˈsisti na miliˈnu]
tempestad (f)	буря (ж)	[ˈburʲa]
señal (f)	сигнал (ч)	[siɦˈnal]
hundirse (vr)	тонути	[toˈnuti]
SOS	SOS	[sos]
aro (m) salvavidas	рятувальний круг (ч)	[rʲatuˈwalʲnij ˈkruɦ]

T&P BOOKS

LA CIUDAD

T&P Books Publishing

autobús (m)	автобус (ч)	[aw'tɔbus]
tranvía (m)	трамвай (ч)	[tram'waj]
trolebús (m)	тролейбус (ч)	[tro'lɛjbus]
itinerario (m)	маршрут (ч)	[marʃ'rut]
número (m)	номер (ч)	['nɔmɛr]
ir en ...	їхати на ...	['jihatɨ na]
tomar (~ el autobús)	сісти	['sisti]
bajar (~ del tren)	зійти	[zij'ti]
parada (f)	зупинка (ж)	[zu'pinka]
próxima parada (f)	наступна зупинка (ж)	[na'stupna zu'pinka]
parada (f) final	кінцева зупинка (ж)	[kin'tsɛwa zu'pinka]
horario (m)	розклад (ч)	['rɔzklad]
esperar (aguardar)	чекати	[tʃɛ'kati]
billete (m)	квиток (ч)	[kwɨ'tɔk]
precio (m) del billete	вартість (ж) квитка	['wartistʲ kwit'ka]
cajero (m)	касир (ч)	[ka'sir]
control (m) de billetes	контроль (ч)	[kon'trɔlʲ]
revisor (m)	контролер (ч)	[kontro'lɛr]
llegar tarde (vi)	запізнюватися	[za'piznʲuwatisʲa]
perder (~ el tren)	спізнитися	[spiz'nitisʲa]
tener prisa	поспішати	[pospi'ʃati]
taxi (m)	таксі (с)	[tak'si]
taxista (m)	таксист (ч)	[tak'sist]
en taxi	на таксі	[na tak'si]
parada (f) de taxi	стоянка (с) таксі	[sto'ʲanka tak'si]
llamar un taxi	викликати таксі	['wiklikati tak'si]
tomar un taxi	взяти таксі	['wzʲati tak'si]
tráfico (m)	вуличний рух (ч)	['wulitʃnij ruh]
atasco (m)	пробка (ж)	['prɔbka]
horas (f pl) de punta	години (мн) пік	[ɦo'dini pik]
aparcar (vi)	паркуватися	[parku'watisʲa]
aparcar (vt)	паркувати	[parku'wati]
aparcamiento (m)	стоянка (ж)	[sto'ʲanka]
metro (m)	метро (с)	[mɛt'rɔ]
estación (f)	станція (ж)	['stantsiʲa]
ir en el metro	їхати в метро	['jihati w mɛt'rɔ]

tren (m)	поїзд (ч)	['pojizd]
estación (f)	вокзал (ч)	[wok'zal]

28. La ciudad. La vida en la ciudad

ciudad (f)	місто (c)	['misto]
capital (f)	столиця (ж)	[sto'litsʲa]
aldea (f)	село (c)	[sɛ'lɔ]
plano (m) de la ciudad	план (ч) міста	[plan 'mista]
centro (m) de la ciudad	центр (ч) міста	[tsɛntr 'mista]
suburbio (m)	передмістя (c)	[pɛrɛd'mistʲa]
suburbano (adj)	приміський	[primisʲ'kij]
arrabal (m)	околиця (ж)	[o'kɔlitsʲa]
afueras (f pl)	околиці (мн)	[o'kɔlitsi]
barrio (m)	квартал (ч)	[kwar'tal]
zona (f) de viviendas	житловий квартал (ч)	[ʒitlo'wij kwar'tal]
tráfico (m)	рух (ч)	[ruh]
semáforo (m)	світлофор (ч)	[switlo'fɔr]
transporte (m) urbano	міський транспорт (ч)	[misʲ'kij 'transport]
cruce (m)	перехрестя (c)	[pɛrɛh'rɛstʲa]
paso (m) de peatones	перехід (ч)	[pɛrɛ'hid]
paso (m) subterráneo	підземний перехід (ч)	[pi'dzɛmnij pɛrɛ'hid]
cruzar (vt)	переходити	[pɛrɛ'hɔditi]
peatón (m)	пішохід (ч)	[piʃo'hid]
acera (f)	тротуар (ч)	[trotu'ar]
puente (m)	міст (ч)	[mist]
muelle (m)	набережна (ж)	['nabɛrɛʒna]
fuente (f)	фонтан (ч)	[fon'tan]
alameda (f)	алея (ж)	[a'lɛʲa]
parque (m)	парк (ч)	[park]
bulevar (m)	бульвар (ч)	[bulʲ'war]
plaza (f)	площа (ж)	['plɔɕa]
avenida (f)	проспект (ч)	[pros'pɛkt]
calle (f)	вулиця (ж)	['wulitsʲa]
callejón (m)	провулок (ч)	[pro'wulok]
callejón (m) sin salida	глухий кут (ч)	[ɦlu'hij kut]
casa (f)	будинок (ч)	[bu'dinok]
edificio (m)	споруда (ж)	[spo'ruda]
rascacielos (m)	хмарочос (ч)	[hmaro'ʧɔs]
fachada (f)	фасад (ч)	[fa'sad]
techo (m)	дах (ч)	[dah]
ventana (f)	вікно (c)	[wik'nɔ]

arco (m)	арка (ж)	['arka]
columna (f)	колона (ж)	[ko'lɔna]
esquina (f)	ріг (ч)	[riĥ]

escaparate (f)	вітрина (ж)	[wi'trina]
letrero (m) (~ luminoso)	вивіска (ж)	['wiwiska]
cartel (m)	афіша (ж)	[a'fiʃa]
cartel (m) publicitario	рекламний плакат (ч)	[rɛk'lamnij pla'kat]
valla (f) publicitaria	рекламний щит (ч)	[rɛk'lamnij ɕit]

basura (f)	сміття (с)	[smit't͡ʲa]
cajón (m) de basura	урна (ж)	['urna]
tirar basura	смітити	[smi'titi]
basurero (m)	смітник (ч)	[smit'nik]

cabina (f) telefónica	телефонна будка (ж)	[tɛlɛ'fɔna 'budka]
farola (f)	ліхтарний стовп (ч)	[lih'tarnij stowp]
banco (m) (del parque)	лавка (ж)	['lawka]

policía (m)	поліцейський (ч)	[poli'ʦɛjsʲkij]
policía (f) (~ nacional)	поліція (ж)	[po'liʦiʲa]
mendigo (m)	жебрак (ч)	[ʒɛb'rak]
persona (f) sin hogar	безпритульний (ч)	[bɛzpri'tulʲnij]

29. Las instituciones urbanas

tienda (f)	магазин (ч)	[maĥa'zin]
farmacia (f)	аптека (ж)	[ap'tɛka]
óptica (f)	оптика (ж)	['ɔptika]
centro (m) comercial	торгівельний центр (ч)	[torĥi'wɛlʲnij 'ʦɛntr]
supermercado (m)	супермаркет (ч)	[supɛr'markɛt]

panadería (f)	булочна (ж)	['bulotʃna]
panadero (m)	пекар (ч)	['pɛkar]
pastelería (f)	кондитерська (ж)	[kon'ditɛrsʲka]
tienda (f) de comestibles	бакалія (ж)	[baka'liʲa]
carnicería (f)	м'ясний магазин (ч)	[mʲʲas'nij maĥa'zin]

| verdulería (f) | овочевий магазин (ч) | [owo'tʃɛwij maĥa'zin] |
| mercado (m) | ринок (ч) | ['rinok] |

cafetería (f)	кав'ярня (ж)	[ka'wʲʲarnʲa]
restaurante (m)	ресторан (ч)	[rɛsto'ran]
cervecería (f)	пивна (ж)	[piw'na]
pizzería (f)	піцерія (ж)	[piʦɛ'riʲa]

peluquería (f)	перукарня (ж)	[pɛru'karnʲa]
oficina (f) de correos	пошта (ж)	['pɔʃta]
tintorería (f)	хімчистка (ж)	[him'tʃistka]
estudio (m) fotográfico	фотоательє (с)	[fotoatɛ'lʲɛ]

zapatería (f)	взуттєвий магазин (ч)	[wzut'tɛwij maɦa'zin]
librería (f)	книгарня (ж)	[kni'ɦarnʲa]
tienda (f) deportiva	спортивний магазин (ч)	[spor'tiwnij maɦa'zin]
arreglos (m pl) de ropa	ремонт (ч) одягу	[rɛ'mɔnt 'ɔdʲaɦu]
alquiler (m) de ropa	прокат (ч) одягу	[pro'kat 'ɔdʲaɦu]
videoclub (m)	прокат (ч) фільмів	[pro'kat 'filʲmiw]
circo (m)	цирк (ч)	[tsirk]
zoológico (m)	зоопарк (ч)	[zoo'park]
cine (m)	кінотеатр (ч)	[kinotɛ'atr]
museo (m)	музей (ч)	[mu'zɛj]
biblioteca (f)	бібліотека (ж)	[biblio'tɛka]
teatro (m)	театр (ч)	[tɛ'atr]
ópera (f)	опера (ж)	['ɔpɛra]
club (m) nocturno	нічний клуб (ч)	[nitʃ'nij klub]
casino (m)	казино (с)	[kazi'nɔ]
mezquita (f)	мечеть (ж)	[mɛ'tʃɛtʲ]
sinagoga (f)	синагога (ж)	[sina'ɦɔɦa]
catedral (f)	собор (ч)	[so'bɔr]
templo (m)	храм (ч)	[hram]
iglesia (f)	церква (ж)	['tsɛrkwa]
instituto (m)	інститут (ч)	[insti'tut]
universidad (f)	університет (ч)	[uniwɛrsi'tɛt]
escuela (f)	школа (ж)	['ʃkɔla]
prefectura (f)	префектура (ж)	[prɛfɛk'tura]
alcaldía (f)	мерія (ж)	['mɛrʲia]
hotel (m)	готель (ч)	[ɦo'tɛlʲ]
banco (m)	банк (ч)	[bank]
embajada (f)	посольство (с)	[po'sɔlʲstwo]
agencia (f) de viajes	турагентство (с)	[tura'ɦɛntstwo]
oficina (f) de información	довідкове бюро (с)	[dowid'kɔwɛ bʲu'rɔ]
oficina (f) de cambio	обмінний пункт (ч)	[ob'minij punkt]
metro (m)	метро (с)	[mɛt'rɔ]
hospital (m)	лікарня (ж)	[li'karnʲa]
gasolinera (f)	бензоколонка (ж)	[bɛnzoko'lɔnka]
aparcamiento (m)	стоянка (ж)	[sto'ʲanka]

30. Los avisos

letrero (m) (~ luminoso)	вивіска (ж)	['wiwiska]
cartel (m) (texto escrito)	напис (ч)	['napis]
pancarta (f)	плакат (ч)	[pla'kat]

| señal (m) de dirección | дороговказ (ч) | [doroɦow'kaz] |
| flecha (f) (signo) | стрілка (ж) | ['strilka] |

advertencia (f)	застереження (с)	[zastɛ'rɛʒɛnʲa]
aviso (m)	попередження (с)	[popɛ'rɛdʒɛnʲa]
advertir (vt)	попереджувати	[popɛ'rɛdʒuwati]

día (m) de descanso	вихідний день (ч)	[wiɦid'nij dɛnʲ]
horario (m)	розклад (ч)	['rɔzklad]
horario (m) de apertura	години (мн) роботи	[ɦo'dini ro'bɔti]

¡BIENVENIDOS!	ЛАСКАВО ПРОСИМО!	[las'kawo 'prɔsimo]
ENTRADA	ВХІД	[whid]
SALIDA	ВИХІД	['wiɦid]

EMPUJAR	ВІД СЕБЕ	[wid 'sɛbɛ]
TIRAR	ДО СЕБЕ	[do 'sɛbɛ]
ABIERTO	ВІДЧИНЕНО	[wid'tʃinɛno]
CERRADO	ЗАЧИНЕНО	[za'tʃinɛno]

| MUJERES | ДЛЯ ЖІНОК | [dlʲa ʒi'nɔk] |
| HOMBRES | ДЛЯ ЧОЛОВІКІВ | [dlʲa tʃolowi'kiw] |

REBAJAS	ЗНИЖКИ	['zniʒki]
SALDOS	РОЗПРОДАЖ	[rozp'rɔdaʒ]
NOVEDAD	НОВИНКА!	[no'winka]
GRATIS	БЕЗКОШТОВНО	[bɛzkoʃ'tɔwno]

¡ATENCIÓN!	УВАГА!	[u'waɦa]
COMPLETO	МІСЦЬ НЕМАЄ	[mists nɛ'maɛ]
RESERVADO	ЗАРЕЗЕРВОВАНО	[zarɛzɛr'wɔwano]

ADMINISTRACIÓN	АДМІНІСТРАЦІЯ	[admini'stratsiʲa]
SÓLO PERSONAL	ТІЛЬКИ	['tilʲki dlʲa pɛrso'nalu]
AUTORIZADO	ДЛЯ ПЕРСОНАЛУ	

CUIDADO CON EL PERRO	ОБЕРЕЖНО! ЗЛИЙ ПЕС	[obɛ'rɛʒno! zlij pɛs]
PROHIBIDO FUMAR	ПАЛИТИ ЗАБОРОНЕНО	[pa'liti zabo'rɔnɛno]
NO TOCAR	НЕ ТОРКАТИСЯ!	[nɛ tor'katisʲa]

PELIGROSO	НЕБЕЗПЕЧНО	[nɛbɛz'pɛtʃno]
PELIGRO	НЕБЕЗПЕКА	[nɛbɛz'pɛka]
ALTA TENSIÓN	ВИСОКА НАПРУГА	[wi'sɔka na'pruɦa]
PROHIBIDO BAÑARSE	КУПАТИСЯ ЗАБОРОНЕНО	[ku'patisʲa zabo'rɔnɛno]

| NO FUNCIONA | НЕ ПРАЦЮЄ | [nɛ pra'tsʲuɛ] |

INFLAMABLE	ВОГНЕНЕБЕЗПЕЧНО	[woɦnɛnɛbɛz'pɛtʃno]
PROHIBIDO	ЗАБОРОНЕНО	[zabo'rɔnɛno]
PROHIBIDO EL PASO	ПРОХІД ЗАБОРОНЕНО	[pro'hid zabo'rɔnɛno]
RECIÉN PINTADO	ПОФАРБОВАНО	[pofar'bɔwano]

31. Las compras

comprar (vt)	купляти	[kup'l^jati]
compra (f)	покупка (ж)	[po'kupka]
hacer compras	робити покупки	[ro'bɨti po'kupkɨ]
compras (f pl)	шопінг (ч)	['ʃopinɦ]

estar abierto (tienda)	працювати	[pratsʲu'wati]
estar cerrado	зачинитися	[zatʃɨ'nitisʲa]

calzado (m)	взуття (с)	[wzut't^ja]
ropa (f)	одяг (ч)	['ɔdʲaɦ]
cosméticos (m pl)	косметика (ж)	[kos'mɛtika]
productos alimenticios	продукти (мн)	[pro'duktɨ]
regalo (m)	подарунок (ч)	[poda'runok]

vendedor (m)	продавець (ч)	[proda'wɛts]
vendedora (f)	продавщиця (ж)	[prodaw'çitsʲa]

caja (f)	каса (ж)	['kasa]
espejo (m)	дзеркало (с)	['dzɛrkalo]
mostrador (m)	прилавок (ч)	[prɨ'lawok]
probador (m)	примірочна (ж)	[prɨ'mirotʃna]

probar (un vestido)	приміряти	[prɨ'mirʲati]
quedar (una ropa, etc.)	пасувати	[pasu'wati]
gustar (vi)	подобатися	[po'dɔbatisʲa]

precio (m)	ціна (ж)	[tsi'na]
etiqueta (f) de precio	цінник (ч)	['tsinɨk]
costar (vt)	коштувати	['kɔʃtuwati]
¿Cuánto?	Скільки?	['skilʲkɨ]
descuento (m)	знижка (ж)	['znɨʒka]

no costoso (adj)	недорогий	[nɛdoro'ɦɨj]
barato (adj)	дешевий	[dɛ'ʃɛwɨj]
caro (adj)	дорогий	[doro'ɦɨj]
Es caro	Це дорого.	[tsɛ 'dɔroɦo]

alquiler (m)	прокат (ч)	[pro'kat]
alquilar (vt)	взяти напрокат	['wzʲati napro'kat]
crédito (m)	кредит (ч)	[krɛ'dit]
a crédito (adv)	в кредит (ч)	[w krɛ'dit]

T&P BOOKS

LA ROPA Y LOS ACCESORIOS

T&P Books Publishing

32. La ropa exterior. Los abrigos

ropa (f)	одяг (ч)	['ɔdʲaɦ]
ropa (f) de calle	верхній одяг (ч)	['wɛrhnij 'ɔdʲaɦ]
ropa (f) de invierno	зимовий одяг (ч)	[zi'mɔwij 'ɔdʲaɦ]
abrigo (m)	пальто (с)	[palʲ'tɔ]
abrigo (m) de piel	шуба (ж)	['ʃuba]
abrigo (m) corto de piel	кожушок (ч)	[koʒu'ʃɔk]
chaqueta (f) plumón	пуховик (ч)	[puho'wik]
cazadora (f)	куртка (ж)	['kurtka]
impermeable (m)	плащ (ч)	[plaɕ]
impermeable (adj)	непромокальний	[nɛpromo'kalʲnij]

33. Ropa de hombre y mujer

camisa (f)	сорочка (ж)	[so'rɔʧka]
pantalones (m pl)	штани (мн)	[ʃta'ni]
jeans, vaqueros (m pl)	джинси (мн)	['dʒinsi]
chaqueta (f), saco (m)	піджак (ч)	[pi'dʒak]
traje (m)	костюм (ч)	[kos'tʲum]
vestido (m)	сукня (ж)	['suknʲa]
falda (f)	спідниця (ж)	[spid'nitsʲa]
blusa (f)	блузка (ж)	['bluzka]
rebeca (f), chaqueta (f) de punto	кофта (ж)	['kɔfta]
chaqueta (f)	жакет (ч)	[ʒa'kɛt]
camiseta (f) (T-shirt)	футболка (ж)	[fut'bɔlka]
pantalones (m pl) cortos	шорти (мн)	['ʃɔrti]
traje (m) deportivo	спортивний костюм (ч)	[spor'tiwnij kos'tʲum]
bata (f) de baño	халат (ч)	[ha'lat]
pijama (m)	піжама (ж)	[pi'ʒama]
suéter (m)	светр (ч)	[swɛtr]
pulóver (m)	пуловер (ч)	[pulo'wɛr]
chaleco (m)	жилет (ч)	[ʒi'lɛt]
frac (m)	фрак (ч)	[frak]
esmoquin (m)	смокінг (ч)	['smɔkinɦ]
uniforme (m)	форма (ж)	['fɔrma]
ropa (f) de trabajo	робочий одяг (ж)	[ro'bɔʧij 'ɔdʲaɦ]

mono (m)	комбінезон (ч)	[kombinɛ'zɔn]
bata (f) (p. ej. ~ blanca)	халат (ч)	[ha'lat]

34. La ropa. La ropa interior

ropa (f) interior	білизна (ж)	[bi'lizna]
camiseta (f) interior	майка (ж)	['majka]
calcetines (m pl)	шкарпетки (мн)	[ʃkar'pɛtki]
camisón (m)	нічна сорочка (ж)	[nitʃ'na so'rɔtʃka]
sostén (m)	бюстгальтер (ч)	[bʲust'halʲtɛr]
calcetines (m pl) altos	гольфи (мн)	['hɔlʲfi]
pantimedias (f pl)	колготки (мн)	[kol'hɔtki]
medias (f pl)	панчохи (мн)	[pan'tʃɔhi]
traje (m) de baño	купальник (ч)	[ku'palʲnik]

35. Gorras

gorro (m)	шапка (ж)	['ʃapka]
sombrero (m) de fieltro	капелюх (ч)	[kapɛ'lʲuh]
gorra (f) de béisbol	бейсболка (ж)	[bɛjs'bɔlka]
gorra (f) plana	кашкет (ч)	[kaʃ'kɛt]
boina (f)	берет (ч)	[bɛ'rɛt]
capuchón (m)	каптур (ч)	[kap'tur]
panamá (m)	панамка (ж)	[pa'namka]
gorro (m) de punto	в'язана шапочка (ж)	['wʲazana 'ʃapotʃka]
pañuelo (m)	хустка (ж)	['hustka]
sombrero (m) de mujer	капелюшок (ч)	[kapɛ'lʲuʃok]
casco (m) (~ protector)	каска (ж)	['kaska]
gorro (m) de campaña	пілотка (ж)	[pi'lɔtka]
casco (m) (~ de moto)	шолом (ч)	[ʃo'lɔm]
bombín (m)	котелок (ч)	[kotɛ'lɔk]
sombrero (m) de copa	циліндр (ч)	[tsi'lindr]

36. El calzado

calzado (m)	взуття (с)	[wzut'tʲa]
botas (f pl)	черевики (мн)	[tʃɛrɛ'wiki]
zapatos (m pl) (~ de tacón bajo)	туфлі (мн)	['tufli]
botas (f pl) altas	чоботи (мн)	['tʃɔboti]
zapatillas (f pl)	капці (мн)	['kaptsi]

tenis (m pl)	кросівки (мн)	[kro'siwki]
zapatillas (f pl) de lona	кеди (мн)	['kɛdi]
sandalias (f pl)	сандалі (мн)	[san'dali]

zapatero (m)	чоботар (ч)	[ʧobo'tar]
tacón (m)	каблук (ч)	[kab'luk]
par (m)	пара (ж)	['para]

cordón (m)	шнурок (ч)	[ʃnu'rɔk]
encordonar (vt)	шнурувати	[ʃnuru'wati]
calzador (m)	ложка (ж)	['lɔʒka]
betún (m)	крем (ч) для взуття	[krɛm dlʲa wzut'tʲa]

37. Accesorios personales

guantes (m pl)	рукавички (мн)	[ruka'wiʧki]
manoplas (f pl)	рукавиці (мн)	[ruka'witsi]
bufanda (f)	шарф (ч)	[ʃarf]

gafas (f pl)	окуляри (мн)	[oku'lʲari]
montura (f)	оправа (ж)	[op'rawa]
paraguas (m)	парасолька (ж)	[para'sɔlʲka]
bastón (m)	ціпок (ч)	[tsi'pɔk]
cepillo (m) de pelo	щітка (ж) для волосся	['ɕitka dlʲa wo'lɔssʲa]
abanico (m)	віяло (с)	['wiʲalo]

corbata (f)	краватка (ж)	[kra'watka]
pajarita (f)	краватка-метелик (ж)	[kra'watka mɛ'tɛlik]
tirantes (m pl)	шлейки (мн)	['ʃlɛjki]
moquero (m)	носовичок (ч)	[nosowi'ʧɔk]

peine (m)	гребінець (ч)	[ɦrɛbi'nɛts]
pasador (m) de pelo	заколка (ж)	[za'kɔlka]
horquilla (f)	шпилька (ж)	['ʃpilʲka]
hebilla (f)	пряжка (ж)	['prʲaʒka]

| cinturón (m) | пасок (ч) | ['pasok] |
| correa (f) (de bolso) | ремінь (ч) | ['rɛminʲ] |

bolsa (f)	сумка (ж)	['sumka]
bolso (m)	сумочка (ж)	['sumoʧka]
mochila (f)	рюкзак (ч)	[rʲuk'zak]

38. La ropa. Miscelánea

moda (f)	мода (ж)	['mɔda]
de moda (adj)	модний	['mɔdnij]
diseñador (m) de moda	модельєр (ч)	[modɛ'lʲɛr]

cuello (m)	комір (ч)	['kɔmir]
bolsillo (m)	кишеня (ж)	[kiˈʃɛnʲa]
de bolsillo (adj)	кишеньковий	[kiʃɛnʲˈkɔwij]
manga (f)	рукав (ч)	[ruˈkaw]
presilla (f)	петелька (ж)	[pɛˈtɛlʲka]
bragueta (f)	ширінка (ж)	[ʃiˈrinka]

cremallera (f)	змійка (ж)	[ˈzmijka]
cierre (m)	застібка (ж)	[ˈzastibka]
botón (m)	ґудзик (ч)	[ˈɡudzik]
ojal (m)	петля (ж)	[pɛtˈlʲa]
saltar (un botón)	відірватися	[widirˈwatisʲa]

coser (vi, vt)	шити	[ˈʃiti]
bordar (vt)	вишивати	[wiʃiˈwati]
bordado (m)	вишивка (ж)	[ˈwiʃiwka]
aguja (f)	голка (ж)	[ˈɦɔlka]
hilo (m)	нитка (ж)	[ˈnitka]
costura (f)	шов (ч)	[ʃow]

ensuciarse (vr)	забруднитися	[zabrudˈnitisʲa]
mancha (f)	пляма (ж)	[ˈplʲama]
arrugarse (vr)	пом'ятися	[poˈmʲʼatisʲa]
rasgar (vt)	порвати	[porˈwati]
polilla (f)	міль (ж)	[milʲ]

39. Productos personales. Cosméticos

pasta (f) de dientes	зубна паста (ж)	[zubˈna ˈpasta]
cepillo (m) de dientes	зубна щітка (ж)	[zubˈna ˈɕitka]
limpiarse los dientes	чистити зуби	[ˈtʃistiti ˈzubi]

maquinilla (f) de afeitar	бритва (ж)	[ˈbritwa]
crema (f) de afeitar	крем (ч) для гоління	[krɛm dlʲa ɦoˈlinʲa]
afeitarse (vr)	голитися	[ɦoˈlitisʲa]

| jabón (m) | мило (с) | [ˈmiɫo] |
| champú (m) | шампунь (ч) | [ʃamˈpunʲ] |

tijeras (f pl)	ножиці (мн)	[ˈnɔʒitsi]
lima (f) de uñas	пилочка (ж) для нігтів	[ˈpiɫotʃka dlʲa ˈniɦtiw]
cortaúñas (m pl)	щипчики (мн)	[ˈɕiptʃiki]
pinzas (f pl)	пінцет (ч)	[pinˈtsɛt]

cosméticos (m pl)	косметика (ж)	[kosˈmɛtika]
mascarilla (f)	маска (ж)	[ˈmaskɔ]
manicura (f)	манікюр (ч)	[maniˈkʲur]
hacer la manicura	робити манікюр	[roˈbiti maniˈkʲur]
pedicura (f)	педикюр (ч)	[pɛdiˈkʲur]
bolsa (f) de maquillaje	косметичка (ж)	[kosmɛˈtitʃka]

polvos (m pl)	пудра (ж)	['pudrə]
polvera (f)	пудрениця (ж)	['pudrɛnitsʲa]
colorete (m), rubor (m)	рум'яна (мн)	[ru'mʲana]
perfume (m)	парфуми (мн)	[par'fumi]
agua (f) de tocador	туалетна вода (ж)	[tua'lɛtna wo'da]
loción (f)	лосьйон (ч)	[lo'sjon]
agua (f) de Colonia	одеколон (ч)	[odɛko'lɔn]
sombra (f) de ojos	тіні (мн) для повік	['tini dlʲa po'wik]
lápiz (m) de ojos	олівець (ч) для очей	[oli'wɛts dlʲa o'tʃɛj]
rímel (m)	туш (ж)	[tuʃ]
pintalabios (m)	губна помада (ж)	[ɦub'na po'mada]
esmalte (m) de uñas	лак (ч) для нігтів	[lak dlʲa 'niɦtiw]
fijador (m) para el pelo	лак (ч) для волосся	[lak dlʲa wo'lɔssʲa]
desodorante (m)	дезодорант (ч)	[dɛzodo'rant]
crema (f)	крем (ч)	[krɛm]
crema (f) de belleza	крем (ч) для обличчя	[krɛm dlʲa ob'litʃʲa]
crema (f) de manos	крем (ч) для рук	[krɛm dlʲa ruk]
crema (f) antiarrugas	крем (ч) проти зморшок	[krɛm 'prɔti 'zmɔrʃok]
de día (adj)	денний	['dɛnij]
de noche (adj)	нічний	[nitʃ'nij]
tampón (m)	тампон (ч)	[tam'pɔn]
papel (m) higiénico	туалетний папір (ч)	[tua'lɛtnij pa'pir]
secador (m) de pelo	фен (ч)	[fɛn]

40. Los relojes

reloj (m)	годинник (ч)	[ɦo'dinik]
esfera (f)	циферблат (ч)	[tsifɛrb'lat]
aguja (f)	стрілка (ж)	['strilka]
pulsera (f)	браслет (ч)	[bras'lɛt]
correa (f) (del reloj)	ремінець (ч)	[rɛmi'nɛts]
pila (f)	батарейка (ж)	[bata'rɛjka]
descargarse (vr)	сісти	['sisti]
cambiar la pila	поміняти батарейку	[pomi'nʲati bata'rɛjku]
adelantarse (vr)	поспішати	[pospi'ʃati]
retrasarse (vr)	відставати	[widsta'wati]
reloj (m) de pared	годинник (ч)	[ɦo'dinik]
reloj (m) de arena	годинник (ч) пісковий	[ɦo'dinik pis'kɔwij]
reloj (m) de sol	годинник (ч) сонячний	[ɦo'dinik 'sɔnʲatʃnij]
despertador (m)	будильник (ч)	[bu'dilʲnik]
relojero (m)	годинникар (ч)	[ɦodini'kar]
reparar (vt)	ремонтувати	[rɛmontu'wati]

BOOKS

LA EXPERIENCIA DIARIA

T&P Books Publishing

dinero (m)	гроші (мн)	['ɦrɔʃi]
cambio (m)	обмін (ч)	['ɔbmin]
curso (m)	курс (ч)	[kurs]
cajero (m) automático	банкомат (ч)	[banko'mat]
moneda (f)	монета (ж)	[mo'nɛta]
dólar (m)	долар (ч)	['dɔlar]
euro (m)	євро (ч)	['ɛwro]
lira (f)	ліра (ж)	['lira]
marco (m) alemán	марка (ж)	['marka]
franco (m)	франк (ч)	['frank]
libra esterlina (f)	фунт (ч)	['funt]
yen (m)	ієна (ж)	[i'ɛna]
deuda (f)	борг (ч)	['bɔrɦ]
deudor (m)	боржник (ч)	[borʒ'nik]
prestar (vt)	позичити	[po'zitʃiti]
tomar prestado	взяти в борг	['wzʲatɨ w borɦ]
banco (m)	банк (ч)	[bank]
cuenta (f)	рахунок (ч)	[ra'hunok]
ingresar en la cuenta	покласти на рахунок	[pok'lasti na ra'hunok]
sacar de la cuenta	зняти з рахунку	['znʲati z ra'hunku]
tarjeta (f) de crédito	кредитна картка (ж)	[krɛ'ditna 'kartka]
dinero (m) en efectivo	готівка (ж)	[ɦo'tiwka]
cheque (m)	чек (ч)	[tʃɛk]
sacar un cheque	виписати чек	['wɨpɨsati 'tʃɛk]
talonario (m)	чекова книжка (ж)	['tʃɛkowa 'kniʒka]
cartera (f)	гаманець (ч)	[ɦama'nɛts]
monedero (m)	гаманець (ч)	[ɦama'nɛts]
caja (f) fuerte	сейф (ч)	[sɛjf]
heredero (m)	спадкоємець (ч)	[spadko'ɛmɛts]
herencia (f)	спадщина (с)	['spadɕina]
fortuna (f)	статок (ч)	['statok]
arriendo (m)	оренда (ж)	[o'rɛnda]
alquiler (m) (dinero)	квартирна плата (ж)	[kwar'tirna 'plata]
alquilar (~ una casa)	наймати	[naj'mati]
precio (m)	ціна (ж)	[tsi'na]
coste (m)	вартість (ж)	['wartistʲ]

suma (f)	сума (ж)	['suma]
gastar (vt)	витрачати	[witra'tʃati]
gastos (m pl)	витрати (мн)	['witrati]
economizar (vi, vt)	економити	[ɛko'nɔmiti]
económico (adj)	економний	[ɛko'nɔmnij]
pagar (vi, vt)	платити	[pla'titi]
pago (m)	оплата (ж)	[op'lata]
cambio (m) (devolver el ~)	решта (ж)	['rɛʃta]
impuesto (m)	податок (ч)	[po'datok]
multa (f)	штраф (ч)	[ʃtraf]
multar (vt)	штрафувати	[ʃtrafu'wati]

42. La oficina de correos

oficina (f) de correos	пошта (ж)	['pɔʃta]
correo (m) (cartas, etc.)	пошта (ж)	['pɔʃta]
cartero (m)	листоноша (ч)	[listo'nɔʃa]
horario (m) de apertura	години (мн) роботи	[ho'dini ro'bɔti]
carta (f)	лист (ч)	[list]
carta (f) certificada	рекомендований лист (ч)	[rɛkomɛn'dɔwanij list]
tarjeta (f) postal	листівка (ж)	[lis'tiwka]
telegrama (m)	телеграма (ж)	[tɛlɛ'hrama]
paquete (m) postal	посилка (ж)	[po'silka]
giro (m) postal	грошовий переказ (ч)	[hroʃo'wij pɛ'rɛkaz]
recibir (vt)	отримати	[ot'rimati]
enviar (vt)	відправити	[wid'prawiti]
envío (m)	відправлення (с)	[wid'prawlɛnʲa]
dirección (f)	адреса (ж)	[ad'rɛsa]
código (m) postal	індекс (ч)	['indɛks]
expedidor (m)	відправник (ч)	[wid'prawnik]
destinatario (m)	одержувач (ч)	[o'dɛrʒuwatʃ]
nombre (m)	ім'я (с)	[i'mʲa]
apellido (m)	прізвище (с)	['prizwiɕɛ]
tarifa (f)	тариф (ч)	[ta'rif]
ordinario (adj)	звичайний	[zwi'tʃajnij]
económico (adj)	економічний	[ɛkono'mitʃnij]
peso (m)	вага (ж)	[wa'ha]
pesar (~ una carta)	важити	['waʒiti]
sobre (m)	конверт (ч)	[kon'wɛrt]
sello (m)	марка (ж)	['marka]

43. La banca

banco (m)	банк (ч)	[bank]
sucursal (f)	відділення (с)	[wid'dilɛnʲa]
consultor (m)	консультант (ч)	[konsulʲ'tant]
gerente (m)	управляючий (ч)	[upraw'lʲaʲutʃij]
cuenta (f)	рахунок (ч)	[ra'hunok]
numero (m) de la cuenta	номер (ч) рахунка	['nɔmɛr ra'hunka]
cuenta (f) corriente	поточний рахунок (ч)	[po'totʃnij ra'hunok]
cuenta (f) de ahorros	накопичувальний рахунок (ч)	[nako'pitʃuwalʲnij ra'hunok]
abrir una cuenta	відкрити рахунок	[wid'kriti ra'hunok]
cerrar la cuenta	закрити рахунок	[za'kriti ra'hunok]
ingresar en la cuenta	покласти на рахунок	[pok'lasti na ra'hunok]
sacar de la cuenta	зняти з рахунку	['znʲati z ra'hunku]
depósito (m)	внесок (ч)	['wnɛsok]
hacer un depósito	зробити внесок	[zro'biti 'wnɛsok]
giro (m) bancario	переказ (ч)	[pɛ'rɛkaz]
hacer un giro	зробити переказ	[zro'biti pɛ'rɛkaz]
suma (f)	сума (ж)	['suma]
¿Cuánto?	Скільки?	['skilʲki]
firma (f) (nombre)	підпис (ч)	['pidpis]
firmar (vt)	підписати	[pidpi'sati]
tarjeta (f) de crédito	кредитна картка (ж)	[krɛ'ditna 'kartka]
código (m)	код (ч)	[kod]
número (m) de tarjeta de crédito	номер (ч) кредитної картки	['nɔmɛr krɛ'ditnoji 'kartki]
cajero (m) automático	банкомат (ч)	[banko'mat]
cheque (m)	чек (ч)	[tʃɛk]
sacar un cheque	виписати чек	['wipisati 'tʃɛk]
talonario (m)	чекова книжка (ж)	['tʃɛkowa 'kniʒka]
crédito (m)	кредит (ч)	[krɛ'dit]
pedir el crédito	звертатися за кредитом	[zwɛr'tatisʲa za krɛ'ditom]
obtener un crédito	брати кредит	['brati krɛ'dit]
conceder un crédito	надавати кредит	[nada'wati krɛ'dit]
garantía (f)	застава (ж)	[za'stawa]

44. El teléfono. Las conversaciones telefónicas

| teléfono (m) | телефон (ч) | [tɛlɛ'fon] |
| teléfono (m) móvil | мобільний телефон (ч) | [mo'bilʲnij tɛlɛ'fon] |

contestador (m)	автовідповідач (ч)	[awtowidpowi'datʃ]
llamar, telefonear	телефонувати	[tɛlɛfonu'wati]
llamada (f)	дзвінок (ч)	[dzwi'nɔk]

marcar un número	набрати номер	[nab'rati 'nɔmɛr]
¿Sí?, ¿Dígame?	Алло!	[a'lɔ]
preguntar (vt)	запитати	[zapi'tati]
responder (vi, vt)	відповісти	[widpo'wisti]

oír (vt)	чути	['tʃuti]
bien (adv)	добре	['dɔbrɛ]
mal (adv)	погано	[po'ɦano]
ruidos (m pl)	перешкоди (мн)	[pɛrɛʃ'kɔdi]

auricular (m)	трубка (ж)	['trubka]
descolgar (el teléfono)	зняти трубку	['znʲati 'trubku]
colgar el auricular	покласти трубку	[pok'lasti t'rubku]

ocupado (adj)	зайнятий	['zajnʲatij]
sonar (teléfono)	дзвонити	[dzwo'niti]
guía (f) de teléfonos	телефонна книга (ж)	[tɛlɛ'fɔna 'kniɦa]

local (adj)	місцевий	[mis'tsɛwij]
llamada (f) local	місцевий зв'язок (ч)	[mis'tsɛwij 'zwʲazok]
de larga distancia	міжміський	[miʒmisʲ"kij]
llamada (f)	міжміський зв'язок (ч)	[miʒmisʲ"kij 'zwʲazok]
de larga distancia		
internacional (adj)	міжнародний	[miʒna'rɔdnij]
llamada (f) internacional	міжнародний зв'язок (ч)	[miʒna'rɔdnij 'zwʲazok]

45. El teléfono celular

teléfono (m) móvil	мобільний телефон (ч)	[mo'bilʲnij tɛlɛ'fɔn]
pantalla (f)	дисплей (ч)	[dis'plɛj]
botón (m)	кнопка (ж)	['knɔpka]
tarjeta SIM (f)	SIM-карта (ж)	[sim 'karta]

pila (f)	батарея (ж)	[bata'rɛʲa]
descargarse (vr)	розрядитися	[rozrʲa'ditisʲa]
cargador (m)	зарядний пристрій (ч)	[za'rʲadnij 'pristrij]

menú (m)	меню (с)	[mɛ'nʲu]
preferencias (f pl)	настройки (мн)	[na'strɔjki]
melodía (f)	мелодія (ж)	[mɛ'lɔdiʲa]
seleccionar (vt)	вибрати	['wibrati]

calculadora (f)	калькулятор (ч)	[kalʲku'lʲator]
contestador (m)	автовідповідач (ч)	[awtowidpowi'datʃ]
despertador (m)	будильник (ч)	[bu'dilʲnik]
contactos (m pl)	телефонна книга (ж)	[tɛlɛ'fɔna 'kniɦa]

| mensaje (m) de texto | SMS-повідомлення (c) | [ɛsɛ'mɛs powi'dɔmlɛnʲa] |
| abonado (m) | абонент (ч) | [abo'nɛnt] |

46. Los artículos de escritorio. La papelería

| bolígrafo (m) | авторучка (ж) | [awto'rutʃka] |
| pluma (f) estilográfica | ручка-перо (c) | ['rutʃka pɛ'rɔ] |

lápiz (m)	олівець (ч)	[oli'wɛts]
marcador (m)	маркер (ч)	['markɛr]
rotulador (m)	фломастер (ч)	[flo'mastɛr]

| bloc (m) de notas | блокнот (ч) | [blok'nɔt] |
| agenda (f) | щоденник (ч) | [ɕo'dɛnik] |

regla (f)	лінійка (ж)	[li'nijka]
calculadora (f)	калькулятор (ч)	[kalʲku'lʲator]
goma (f) de borrar	гумка (ж)	['ɦumka]
chincheta (f)	кнопка (ж)	['knɔpka]
clip (m)	скріпка (ж)	['skripka]

cola (f), pegamento (m)	клей (ч)	[klɛj]
grapadora (f)	степлер (ч)	['stɛplɛr]
perforador (m)	діркопробивач (ч)	[dirkoprobi'watʃ]
sacapuntas (m)	стругачка (ж)	[stru'ɦatʃka]

47. Los idiomas extranjeros

lengua (f)	мова (ж)	['mɔwa]
lengua (f) extranjera	іноземна мова (ж)	[ino'zɛmna 'mɔwa]
estudiar (vt)	вивчати	[wiw'tʃati]
aprender (ingles, etc.)	вчити	['wtʃiti]

leer (vi, vt)	читати	[tʃi'tati]
hablar (vi, vt)	розмовляти	[rozmow'lʲati]
comprender (vt)	розуміти	[rozu'miti]
escribir (vt)	писати	[pi'sati]

rápidamente (adv)	швидко	['ʃwidko]
lentamente (adv)	повільно	[po'wilʲno]
con fluidez (adv)	вільно	['wilʲno]

reglas (f pl)	правила (мн)	['prawila]
gramática (f)	граматика (ж)	[ɦra'matika]
vocabulario (m)	лексика (ж)	['lɛksika]
fonética (f)	фонетика (ж)	[fo'nɛtika]
manual (m)	підручник (ч)	[pid'rutʃnik]
diccionario (m)	словник (ч)	[slow'nik]

manual (m) autodidáctico	самовчитель (ч)	[samow'tʃitɛlʲ]
guía (f) de conversación	розмовник (ч)	[roz'mɔwnɪk]
casete (m)	касета (ж)	[ka'sɛta]
videocasete (f)	відеокасета (ж)	['widɛo ka'sɛta]
disco compacto, CD (m)	CD-диск (ч)	[si'di disk]
DVD (m)	DVD (ч)	[diwi'di]
alfabeto (m)	алфавіт (ч)	[alfa'wit]
deletrear (vt)	говорити по буквах	[howo'riti po 'bukwah]
pronunciación (f)	вимова (ж)	[wi'mɔwa]
acento (m)	акцент (ч)	[ak'tsɛnt]
con acento	з акцентом	[z ak'tsɛntom]
sin acento	без акценту (ч)	[bɛz ak'tsɛntu]
palabra (f)	слово (с)	['slɔwo]
significado (m)	сенс (ч)	[sɛns]
cursos (m pl)	курси (мн)	['kursi]
inscribirse (vr)	записатися	[zapi'satisʲa]
profesor (m) (~ de inglés)	викладач (ч)	[wikla'datʃ]
traducción (f) (proceso)	переклад (ч)	[pɛ'rɛklad]
traducción (f) (texto)	переклад (ч)	[pɛ'rɛklad]
traductor (m)	перекладач (ч)	[pɛrɛkla'datʃ]
intérprete (m)	перекладач (ч)	[pɛrɛkla'datʃ]
políglota (m)	поліглот (ч)	[poliɦ'lɔt]
memoria (f)	пам'ять (ж)	['pamʲʲatʲ]

LAS COMIDAS.
EL RESTAURANTE

48. Los cubiertos

cuchara (f)	ложка (ж)	['lɔʒka]
cuchillo (m)	ніж (ч)	[niʒ]
tenedor (m)	виделка (ж)	[wi'dɛlka]
taza (f)	чашка (ж)	['ʧaʃka]
plato (m)	тарілка (ж)	[ta'rilka]
platillo (m)	блюдце (с)	['blʲudtsɛ]
servilleta (f)	серветка (ж)	[sɛr'wɛtka]
mondadientes (m)	зубочистка (ж)	[zubo'ʧistka]

49. El restaurante

restaurante (m)	ресторан (ч)	[rɛsto'ran]
cafetería (f)	кав'ярня (ж)	[ka'wʲjarnʲa]
bar (m)	бар (ч)	[bar]
salón (m) de té	чайна (ж)	['ʧajna]
camarero (m)	офіціант (ч)	[ofitsi'ant]
camarera (f)	офіціантка (ж)	[ofitsi'antka]
barman (m)	бармен (ч)	[bar'mɛn]
carta (f), menú (m)	меню (с)	[mɛ'nʲu]
carta (f) de vinos	карта (ж) вин	['karta win]
reservar una mesa	забронювати столик	[zabronʲu'wati 'stɔlik]
plato (m)	страва (ж)	['strawa]
pedir (vt)	замовити	[za'mowiti]
hacer un pedido	зробити замовлення	[zro'biti za'mɔwlɛnʲa]
aperitivo (m)	аперитив (ч)	[apɛri'tiw]
entremés (m)	закуска (ж)	[za'kuska]
postre (m)	десерт (ч)	[dɛ'sɛrt]
cuenta (f)	рахунок (ч)	[ra'hunok]
pagar la cuenta	оплатити рахунок	[opla'titi ra'hunok]
dar la vuelta	дати решту	['dati 'rɛʃtu]
propina (f)	чайові (мн)	[ʧajo'wi]

50. Las comidas

comida (f)	їжа (ж)	['jiʒa]
comer (vi, vt)	їсти	['jisti]

desayuno (m)	сніданок (ч)	[sni'danok]
desayunar (vi)	снідати	['snidati]
almuerzo (m)	обід (ч)	[o'bid]
almorzar (vi)	обідати	[o'bidati]
cena (f)	вечеря (ж)	[wɛ'tʃɛrʲa]
cenar (vi)	вечеряти	[wɛ'tʃɛrʲati]
apetito (m)	апетит (ч)	[apɛ'tit]
¡Que aproveche!	Смачного!	[smatʃ'nɔɦo]
abrir (vt)	відкривати	[widkri'wati]
derramar (líquido)	пролити	[pro'liti]
derramarse (líquido)	пролитись	[pro'litisʲ]
hervir (vi)	кипіти	[ki'piti]
hervir (vt)	кип'ятити	[kipʲa'titi]
hervido (agua ~a)	кип'ячений	[kipʲa'tʃɛnij]
enfriar (vt)	охолодити	[oholo'diti]
enfriarse (vr)	охолоджуватись	[oho'lɔdʒuwatisʲ]
sabor (m)	смак (ч)	[smak]
regusto (m)	присмак (ч)	['prismak]
adelgazar (vi)	худнути	['hudnuti]
dieta (f)	дієта (ж)	[di'ɛta]
vitamina (f)	вітамін (ч)	[wita'min]
caloría (f)	калорія (ж)	[ka'lɔriʲa]
vegetariano (m)	вегетаріанець (ч)	[wɛɦɛtari'anɛts]
vegetariano (adj)	вегетаріанський	[wɛɦɛtari'ansʲkij]
grasas (f pl)	жири (мн)	[ʒi'ri]
proteínas (f pl)	білки (мн)	[bil'ki]
carbohidratos (m pl)	вуглеводи (ч)	[wuɦlɛ'wɔdi]
loncha (f)	скибка (ж)	['skibka]
pedazo (m)	шматок (ч)	[ʃma'tɔk]
miga (f)	крихта (ж)	['krihta]

51. Los platos

plato (m)	страва (ж)	['strawa]
cocina (f)	кухня (ж)	['kuhnʲa]
receta (f)	рецепт (ч)	[rɛ'tsɛpt]
porción (f)	порція (ж)	['portsiʲa]
ensalada (f)	салат (ч)	[sa'lat]
sopa (f)	юшка (ж)	['ʲuʃta]
caldo (m)	бульйон (ч)	[bulʲon]
bocadillo (m)	канапка (ж)	[ka'napka]
huevos (m pl) fritos	яєчня (ж)	[ja'ɛʃnʲa]

| hamburguesa (f) | гамбургер (ч) | ['ɦamburɦɛr] |
| bistec (m) | біфштекс (ч) | [bif'ʃtɛks] |

guarnición (f)	гарнір (ч)	[ɦar'nir]
espagueti (m)	спагеті (мн)	[spa'ɦɛti]
puré (m) de patatas	картопляне пюре (c)	[kartop'lʲanɛ pʲu'rɛ]
pizza (f)	піца (ж)	['piʦa]
gachas (f pl)	каша (ж)	['kaʃa]
tortilla (f) francesa	омлет (ч)	[om'lɛt]

cocido en agua (adj)	варений	[wa'rɛnij]
ahumado (adj)	копчений	[kop'ʧɛnij]
frito (adj)	смажений	['smaʒɛnij]
seco (adj)	сушений	['suʃɛnij]
congelado (adj)	заморожений	[zamo'rɔʒɛnij]
marinado (adj)	маринований	[mari'nɔwanij]

azucarado, dulce (adj)	солодкий	[so'lɔdkij]
salado (adj)	солоний	[so'lɔnij]
frío (adj)	холодний	[ho'lɔdnij]
caliente (adj)	гарячий	[ɦa'rʲaʧij]
amargo (adj)	гіркий	[ɦir'kij]
sabroso (adj)	смачний	[smaʧ'nij]

cocer en agua	варити	[wa'riti]
preparar (la cena)	готувати	[ɦotu'wati]
freír (vt)	смажити	['smaʒiti]
calentar (vt)	розігрівати	[roziɦri'wati]

salar (vt)	солити	[so'liti]
poner pimienta	перчити	[pɛr'ʧiti]
rallar (vt)	терти	['tɛrti]
piel (f)	шкірка (ж)	['ʃkirka]
pelar (vt)	чистити	['ʧistiti]

52. La comida

carne (f)	м'ясо (c)	['mʲʲaso]
gallina (f)	курка (ж)	['kurka]
pollo (m)	курча (c)	[kur'ʧa]
pato (m)	качка (ж)	['kaʧka]
ganso (m)	гусак (ч)	[ɦu'sak]
caza (f) menor	дичина (ж)	[diʧi'na]
pava (f)	індичка (ж)	[in'diʧka]

carne (f) de cerdo	свинина (ж)	[swi'nina]
carne (f) de ternera	телятина (ж)	[tɛ'lʲatina]
carne (f) de carnero	баранина (ж)	[ba'ranina]
carne (f) de vaca	яловичина (ж)	['ʲalowiʧina]
conejo (m)	кріль (ч)	[krilʲ]

salchichón (m)	ковбаса (ж)	[kowba'sa]
salchicha (f)	сосиска (ж)	[so'siska]
beicon (m)	бекон (ч)	[bɛ'kɔn]
jamón (m)	шинка (ж)	['ʃinka]
jamón (m) fresco	окіст (ч)	['ɔkist]
paté (m)	паштет (ч)	[paʃ'tɛt]
hígado (m)	печінка (ж)	[pɛ'tʃinka]
carne (f) picada	фарш (ч)	[farʃ]
lengua (f)	язик (ч)	[ja'zik]
huevo (m)	яйце (с)	[jaj'tsɛ]
huevos (m pl)	яйця (мн)	['ʲajtsʲa]
clara (f)	білок (ч)	[bi'lɔk]
yema (f)	жовток (ч)	[ʒow'tɔk]
pescado (m)	риба (ж)	['riba]
mariscos (m pl)	морепродукти (мн)	[mɔrɛpro'dukti]
caviar (m)	ікра (ж)	[ik'ra]
cangrejo (m) de mar	краб (ч)	[krab]
camarón (m)	креветка (ж)	[krɛ'wɛtka]
ostra (f)	устриця (ж)	['ustritsʲa]
langosta (f)	лангуст (ч)	[lan'ɦust]
pulpo (m)	восьминіг (ч)	[wosʲmi'niɦ]
calamar (m)	кальмар (ч)	[kalʲ'mar]
esturión (m)	осетрина (ж)	[osɛt'rina]
salmón (m)	лосось (ч)	[lo'sɔsʲ]
fletán (m)	палтус (ч)	['paltus]
bacalao (m)	тріска (ж)	[tris'ka]
caballa (f)	скумбрія (ж)	['skumbriʲa]
atún (m)	тунець (ч)	[tu'nɛts]
anguila (f)	вугор (ч)	[wu'ɦor]
trucha (f)	форель (ж)	[fo'rɛlʲ]
sardina (f)	сардина (ж)	[sar'dina]
lucio (m)	щука (ж)	['ɕuka]
arenque (m)	оселедець (ч)	[osɛ'lɛdɛts]
pan (m)	хліб (ч)	[hlib]
queso (m)	сир (ч)	[sir]
azúcar (m)	цукор (ч)	['tsukor]
sal (f)	сіль (ж)	[silʲ]
arroz (m)	рис (ч)	[ris]
macarrones (m pl)	макарони (мн)	[maka'rɔni]
tallarines (m pl)	локшина (ж)	[lokʃi'na]
mantequilla (f)	вершкове масло (с)	[wɛrʃ'kɔwɛ 'maslo]
aceite (m) vegetal	олія (ж) рослинна	[o'liʲa ros'lina]

aceite (m) de girasol	соняшникова олія (ж)	['sɔnʲaʃnikowa o'liʲa]
margarina (f)	маргарин (ч)	[marɦa'rin]
olivas, aceitunas (f pl)	оливки (мн)	[o'liwki]
aceite (m) de oliva	олія (ж) оливкова	[o'liʲa o'liwkowa]
leche (f)	молоко (с)	[molo'kɔ]
leche (f) condensada	згущене молоко (с)	['zɦuɕɛnɛ molo'kɔ]
yogur (m)	йогурт (ч)	['jɔɦurt]
nata (f) agria	сметана (ж)	[smɛ'tana]
nata (f) líquida	вершки (мн)	[wɛrʃ'ki]
mayonesa (f)	майонез (ч)	[maʲo'nɛz]
crema (f) de mantequilla	крем (ч)	[krɛm]
cereales (m pl) integrales	крупа (ж)	[kru'pa]
harina (f)	борошно (с)	['bɔroʃno]
conservas (f pl)	консерви (мн)	[kon'sɛrwi]
copos (m pl) de maíz	кукурудзяні пластівці (мн)	[kuku'rudzʲani plastiw'tsi]
miel (f)	мед (ч)	[mɛd]
confitura (f)	джем (ч)	[dʒɛm]
chicle (m)	жувальна гумка (ж)	[ʒu'walʲna 'ɦumka]

53. Las bebidas

agua (f)	вода (ж)	[wo'da]
agua (f) potable	питна вода (ж)	[pit'na wo'da]
agua (f) mineral	мінеральна вода (ж)	[minɛ'ralʲna wo'da]
sin gas	без газу	[bɛz 'ɦazu]
gaseoso (adj)	газований	[ɦa'zɔwanij]
con gas	з газом	[z 'ɦazom]
hielo (m)	лід (ч)	[lid]
con hielo	з льодом	[z lʲodom]
sin alcohol	безалкогольний	[bɛzalko'ɦɔlʲnij]
bebida (f) sin alcohol	безалкогольний напій (ч)	[bɛzalko'ɦɔlʲnij na'pij]
refresco (m)	прохолодній напій (ч)	[proho'lɔdnij na'pij]
limonada (f)	лимонад (ч)	[limo'nad]
bebidas (f pl) alcohólicas	алкогольні напої (мн)	[alko'ɦɔlʲni na'pɔji]
vino (m)	вино (с)	[wi'nɔ]
vino (m) blanco	біле вино (с)	['bilɛ wi'nɔ]
vino (m) tinto	червоне вино (с)	[tʃɛr'wonɛ wi'nɔ]
licor (m)	лікер (ч)	[li'kɛr]
champaña (f)	шампанське (с)	[ʃam'pansʲkɛ]

vermú (m)	вермут (ч)	['wɛrmut]
whisky (m)	віскі (с)	['wiski]
vodka (m)	горілка (ж)	[ɦo'rilka]
ginebra (f)	джин (ч)	[dʒin]
coñac (m)	коньяк (ч)	[ko'nʲak]
ron (m)	ром (ч)	[rom]
café (m)	кава (ж)	['kawa]
café (m) solo	чорна кава (ж)	['t͡ʃɔrna 'kawa]
café (m) con leche	кава (ж) з молоком	['kawa z molo'kɔm]
capuchino (m)	кава (ж) з вершками	['kawa z wɛrʃ'kami]
café (m) soluble	розчинна кава (ж)	[roz't͡ʃina 'kawa]
leche (f)	молоко (с)	[molo'kɔ]
cóctel (m)	коктейль (ч)	[kok'tɛjlʲ]
batido (m)	молочний коктейль (ч)	[mo'lɔt͡ʃnij kok'tɛjlʲ]
zumo (m), jugo (m)	сік (ч)	[sik]
jugo (m) de tomate	томатний сік (ч)	[to'matnij 'sik]
zumo (m) de naranja	апельсиновий сік (ч)	[apɛlʲ'sinowij sik]
zumo (m) fresco	свіжовижатий сік (ч)	[swiʒo'wiʒatij sik]
cerveza (f)	пиво (с)	['piwo]
cerveza (f) rubia	світле пиво (с)	['switlɛ 'piwo]
cerveza (f) negra	темне пиво (с)	['tɛmnɛ 'piwo]
té (m)	чай (ч)	[t͡ʃaj]
té (m) negro	чорний чай (ч)	['t͡ʃɔrnij t͡ʃaj]
té (m) verde	зелений чай (ч)	[zɛ'lɛnij t͡ʃaj]

54. Las verduras

legumbres (f pl)	овочі (мн)	['ɔwot͡ʃi]
verduras (f pl)	зелень (ж)	['zɛlɛnʲ]
tomate (m)	помідор (ч)	[pomi'dɔr]
pepino (m)	огірок (ч)	[oɦi'rɔk]
zanahoria (f)	морква (ж)	['mɔrkwa]
patata (f)	картопля (ж)	[kar'tɔplʲa]
cebolla (f)	цибуля (ж)	[t͡si'bulʲa]
ajo (m)	часник (ч)	[t͡ʃas'nik]
col (f)	капуста (ж)	[ka'pusta]
coliflor (f)	кольорова капуста (ж)	[kolʲo'rɔwa ka'pusta]
col (f) de Bruselas	брюссельська капуста (ж)	[brʲu'sɛlʲsʲka ka'pusta]
brócoli (m)	капуста броколі (ж)	[ka'pusta 'brɔkoli]
remolacha (f)	буряк (ч)	[bu'rʲak]
berenjena (f)	баклажан (ч)	[bakla'ʒan]

calabacín (m)	кабачок (ч)	[kaba'tʃɔk]
calabaza (f)	гарбуз (ч)	[har'buz]
nabo (m)	ріпа (ж)	['ripa]

perejil (m)	петрушка (ж)	[pɛt'ruʃka]
eneldo (m)	кріп (ч)	[krip]
lechuga (f)	салат (ч)	[sa'lat]
apio (m)	селера (ж)	[sɛ'lɛra]
espárrago (m)	спаржа (ж)	['sparʒa]
espinaca (f)	шпинат (ч)	[ʃpi'nat]

guisante (m)	горох (ч)	[ho'rɔh]
habas (f pl)	боби (мн)	[bo'bi]
maíz (m)	кукурудза (ж)	[kuku'rudza]
fréjol (m)	квасоля (ж)	[kwa'sɔlʲa]

pimiento (m) dulce	перець (ч)	['pɛrɛts]
rábano (m)	редька (ж)	['rɛdʲka]
alcachofa (f)	артишок (ч)	[arti'ʃɔk]

55. Las frutas. Las nueces

fruto (m)	фрукт (ч)	[frukt]
manzana (f)	яблуко (с)	['ʲabluko]
pera (f)	груша (ж)	['hruʃa]
limón (m)	лимон (ч)	[li'mɔn]
naranja (f)	апельсин (ч)	[apɛlʲ'sin]
fresa (f)	полуниця (ж)	[polu'nitsʲa]

mandarina (f)	мандарин (ч)	[manda'rin]
ciruela (f)	слива (ж)	['sliwa]
melocotón (m)	персик (ч)	['pɛrsik]
albaricoque (m)	абрикос (ч)	[abri'kɔs]
frambuesa (f)	малина (ж)	[ma'lina]
piña (f)	ананас (ч)	[ana'nas]

banana (f)	банан (ч)	[ba'nan]
sandía (f)	кавун (ч)	[ka'wun]
uva (f)	виноград (ч)	[wino'hrad]
guinda (f)	вишня (ж)	['wiʃnʲa]
cereza (f)	черешня (ж)	[tʃɛ'rɛʃnʲa]
melón (m)	диня (ж)	['dinʲa]

pomelo (m)	грейпфрут (ч)	[hrɛjp'frut]
aguacate (m)	авокадо (с)	[awo'kado]
papaya (f)	папайя (ж)	[pa'paʲa]
mango (m)	манго (с)	['manho]
granada (f)	гранат (ч)	[hra'nat]
grosella (f) roja	порічки (мн)	[po'ritʃki]
grosella (f) negra	чорна смородина (ж)	['tʃɔrna smo'rɔdina]

grosella (f) espinosa	аґрус (ч)	['agrus]
arándano (m)	чорниця (ж)	[tʃorˈnitsʲa]
zarzamoras (f pl)	ожина (ж)	[oˈʒina]
pasas (f pl)	родзинки (мн)	[roˈdzinki]
higo (m)	інжир (ч)	[inˈʒir]
dátil (m)	фінік (ч)	['finik]
cacahuete (m)	арахіс (ч)	[aˈrahis]
almendra (f)	мигдаль (ч)	[miɦˈdalʲ]
nuez (f)	горіх (ч) волоський	[ɦoˈrih woˈlɔsʲkij]
avellana (f)	ліщина (ж)	[liˈɕina]
nuez (f) de coco	горіх (ч) кокосовий	[ɦoˈrih koˈkɔsowij]
pistachos (m pl)	фісташки (мн)	[fisˈtaʃki]

56. El pan. Los dulces

pasteles (m pl)	кондитерські вироби (мн)	[konˈditɛrsʲki ˈwirobi]
pan (m)	хліб (ч)	[hlib]
galletas (f pl)	печиво (с)	['pɛtʃiwo]
chocolate (m)	шоколад (ч)	[ʃokoˈlad]
de chocolate (adj)	шоколадний	[ʃokoˈladnij]
caramelo (m)	цукерка (ж)	[tsuˈkɛrka]
tarta (f) (pequeña)	тістечко (с)	['tistɛtʃko]
tarta (f) (~ de cumpleaños)	торт (ч)	[tort]
tarta (f) (~ de manzana)	пиріг (ч)	[piˈriɦ]
relleno (m)	начинка (ж)	[naˈtʃinka]
confitura (f)	варення (с)	[waˈrɛnʲa]
mermelada (f)	мармелад (ч)	[marmɛˈlad]
gofre (m)	вафлі (мн)	['wafli]
helado (m)	морозиво (с)	[moˈrɔziwo]

57. Las especias

sal (f)	сіль (ж)	[silʲ]
salado (adj)	солоний	[soˈlɔnij]
salar (vt)	солити	[soˈliti]
pimienta (f) negra	чорний перець (ч)	['tʃornij ˈpɛrɛts]
pimienta (f) roja	червоний перець (ч)	[tʃerˈwonij ˈpɛrɛts]
mostaza (f)	гірчиця (ж)	[hirˈtʃitsʲa]
rábano (m) picante	хрін (ч)	[hrin]
condimento (m)	приправа (ж)	[pripˈrawa]
especia (f)	прянощі (мн)	[prʲaˈnɔɕi]

| salsa (f) | соус (ч) | ['sɔus] |
| vinagre (m) | оцет (ч) | ['ɔtsɛt] |

anís (m)	аніс (ч)	['anis]
albahaca (f)	базилік (ч)	[bazi'lik]
clavo (m)	гвоздика (ж)	[ɦwoz'dika]
jengibre (m)	імбир (ч)	[im'bir]
cilantro (m)	коріандр (ч)	[kori'andr]
canela (f)	кориця (ж)	[ko'ritsʲa]

sésamo (m)	кунжут (ч)	[kun'ʒut]
hoja (f) de laurel	лавровий лист (ч)	[law'rɔwij list]
paprika (f)	паприка (ж)	['paprika]
comino (m)	кмин (ч)	[kmin]
azafrán (m)	шафран (ч)	[ʃaf'ran]

T&P BOOKS

LA INFORMACIÓN PERSONAL. LA FAMILIA

T&P Books Publishing

58. La información personal. Los formularios

nombre (m)	ім'я (с)	[i'm^ja]
apellido (m)	прізвище (с)	['prizwiɕɛ]
fecha (f) de nacimiento	дата (ж) народження	['data na'rɔʤɛnʲa]
lugar (m) de nacimiento	місце (с) народження	['mistsɛ na'rɔʤɛnʲa]
nacionalidad (f)	національність (ж)	[natsio'nalʲnistʲ]
domicilio (m)	місце (с) проживання	['mistsɛ prɔʒɨ'wanʲa]
país (m)	країна (ж)	[kra'jɨna]
profesión (f)	професія (ж)	[pro'fɛsiʲa]
sexo (m)	стать (ж)	[statʲ]
estatura (f)	зріст (ч)	[zrist]
peso (m)	вага (ж)	[wa'ɦa]

59. Los familiares. Los parientes

madre (f)	мати (ж)	['matɨ]
padre (m)	батько (ч)	['batʲko]
hijo (m)	син (ч)	[sin]
hija (f)	дочка (ж)	[dotʃʲka]
hija (f) menor	молодша дочка (ж)	[mo'lɔdʃa dotʃʲka]
hijo (m) menor	молодший син (ч)	[mo'lɔdʃij sin]
hija (f) mayor	старша дочка (ж)	['starʃa dotʃʲka]
hijo (m) mayor	старший син (ч)	['starʃij sin]
hermano (m)	брат (ч)	[brat]
hermana (f)	сестра (ж)	[sɛst'ra]
primo (m)	двоюрідний брат (ч)	[dwoʲu'ridnij brat]
prima (f)	двоюрідна сестра (ж)	[dwoʲu'ridna sɛst'ra]
mamá (f)	мати (ж)	['matɨ]
papá (m)	тато (ч)	['tato]
padres (pl)	батьки (мн)	[batʲ'kɨ]
niño -a (m, f)	дитина (ж)	[di'tɨna]
niños (pl)	діти (мн)	['ditɨ]
abuela (f)	бабуся (ж)	[ba'busʲa]
abuelo (m)	дід (ч)	['did]
nieto (m)	онук (ч)	[o'nuk]
nieta (f)	онука (ж)	[o'nuka]
nietos (pl)	онуки (мн)	[o'nukɨ]

tío (m)	дядько (ч)	['dʲadʲko]
tía (f)	тітка (ж)	['titka]
sobrino (m)	племінник (ч)	[plɛ'minik]
sobrina (f)	племінниця (ж)	[plɛ'minitsʲa]

suegra (f)	теща (ж)	['tɛɕa]
suegro (m)	свекор (ч)	['swɛkor]
yerno (m)	зять (ч)	[zʲatʲ]
madrastra (f)	мачуха (ж)	['matʃuha]
padrastro (m)	вітчим (ч)	['witʃim]

niño (m) de pecho	немовля (с)	[nɛmow'lʲa]
bebé (m)	немовля (с)	[nɛmow'lʲa]
chico (m)	малюк (ч)	[ma'lʲuk]

mujer (f)	дружина (ж)	[dru'ʒina]
marido (m)	чоловік (ч)	[tʃolo'wik]
esposo (m)	чоловік (ч)	[tʃolo'wik]
esposa (f)	дружина (ж)	[dru'ʒina]

casado (adj)	одружений	[od'ruʒɛnij]
casada (adj)	заміжня	[za'miʒnʲa]
soltero (adj)	холостий	[holos'tij]
soltero (m)	холостяк (ч)	[holos'tʲak]
divorciado (adj)	розведений	[roz'wɛdɛnij]
viuda (f)	вдова (ж)	[wdo'wa]
viudo (m)	вдівець (ч)	[wdi'wɛts]

pariente (m)	родич (ч)	['rɔditʃ]
pariente (m) cercano	близький родич (ч)	[bliz'kij 'rɔditʃ]
pariente (m) lejano	далекий родич (ч)	[da'lɛkij 'rɔditʃ]
parientes (pl)	рідні (мн)	['ridni]

huérfano (m), huérfana (f)	сирота (ч)	[siro'ta]
tutor (m)	опікун (ч)	[opi'kun]
adoptar (un niño)	усиновити	[usino'witi]
adoptar (una niña)	удочерити	[udotʃɛ'riti]

60. Los amigos. Los compañeros del trabajo

amigo (m)	товариш (ч)	[to'wariʃ]
amiga (f)	подруга (ж)	['pɔdruɦa]
amistad (f)	дружба (ж)	['druʒba]
ser amigo	дружити	[dru'ʒiti]

amigote (m)	приятель (ч)	['prijatɛlʲ]
amiguete (f)	приятелька (ж)	['prijatɛlʲka]
compañero (m)	партнер (ч)	[part'nɛr]
jefe (m)	шеф (ч)	[ʃɛf]
superior (m)	начальник (ч)	[na'tʃalʲnik]

subordinado (m)	**підлеглий** (ч)	[pid'lɛɦlij]
colega (m, f)	**колега** (ч)	[ko'lɛɦa]
conocido (m)	**знайомий** (ч)	[zna'jɔmij]
compañero (m) de viaje	**попутник** (ч)	[po'putnik]
condiscípulo (m)	**однокласник** (ч)	[odno'klasnik]
vecino (m)	**сусід** (ч)	[su'sid]
vecina (f)	**сусідка** (ж)	[su'sidka]
vecinos (pl)	**сусіди** (мн)	[su'sidi]

T&P BOOKS

EL CUERPO. LA MEDICINA

T&P Books Publishing

61. La cabeza

cabeza (f)	**голова** (ж)	[ɦoloˈwa]
cara (f)	**обличчя** (с)	[obˈlitʃʲa]
nariz (f)	**ніс** (ч)	[nis]
boca (f)	**рот** (ч)	[rot]
ojo (m)	**око** (с)	[ˈɔko]
ojos (m pl)	**очі** (мн)	[ˈɔtʃi]
pupila (f)	**зіниця** (ч)	[ziˈnitsʲa]
ceja (f)	**брова** (ж)	[broˈwa]
pestaña (f)	**вія** (ж)	[ˈwijʲa]
párpado (m)	**повіка** (ж)	[poˈwika]
lengua (f)	**язик** (ч)	[jaˈzik]
diente (m)	**зуб** (ч)	[zub]
labios (m pl)	**губи** (мн)	[ˈɦubi]
pómulos (m pl)	**вилиці** (мн)	[ˈwiɫitsi]
encía (f)	**ясна** (мн)	[ˈʲasna]
paladar (m)	**піднебіння** (с)	[pidnɛˈbinʲa]
ventanas (f pl)	**ніздрі** (мн)	[ˈnizdri]
mentón (m)	**підборіддя** (с)	[pidboˈriddʲa]
mandíbula (f)	**щелепа** (ж)	[ɕɛˈlɛpa]
mejilla (f)	**щока** (ж)	[ɕoˈka]
frente (f)	**чоло** (с)	[tʃoˈlɔ]
sien (f)	**скроня** (ж)	[ˈskronʲa]
oreja (f)	**вухо** (с)	[ˈwuho]
nuca (f)	**потилиця** (ж)	[poˈtiɫitsʲa]
cuello (m)	**шия** (ж)	[ˈʃʲa]
garganta (f)	**горло** (с)	[ˈɦɔrlo]
pelo, cabello (m)	**волосся** (с)	[woˈlossʲa]
peinado (m)	**зачіска** (ж)	[ˈzatʃiska]
corte (m) de pelo	**стрижка** (ж)	[ˈstriʒka]
peluca (f)	**парик** (ч)	[paˈrik]
bigote (m)	**вуса** (мн)	[ˈwusa]
barba (f)	**борода** (ж)	[boroˈda]
tener (~ la barba)	**носити**	[noˈsiti]
trenza (f)	**коса** (ж)	[koˈsa]
patillas (f pl)	**бакенбарди** (мн)	[bakɛnˈbardi]
pelirrojo (adj)	**рудий**	[ruˈdij]
gris, canoso (adj)	**сивий**	[ˈsiwij]

| calvo (adj) | лисий | ['lisij] |
| calva (f) | лисина (ж) | ['lisina] |

| cola (f) de caballo | хвіст (ч) | [hwist] |
| flequillo (m) | чубчик (ч) | ['ʧubʧik] |

62. El cuerpo

| mano (f) | кисть (ж) | [kistʲ] |
| brazo (m) | рука (ж) | [ru'ka] |

dedo (m)	палець (ч)	['palɛts]
dedo (m) pulgar	великий палець (ч)	[wɛ'likij 'palɛts]
dedo (m) meñique	мізинець (ч)	[mi'zinɛts]
uña (f)	ніготь (ч)	['niɦotʲ]

puño (m)	кулак (ч)	[ku'lak]
palma (f)	долоня (ж)	[do'lɔnʲa]
muñeca (f)	зап'ясток (ч)	[za'pʲʲastok]
antebrazo (m)	передпліччя (с)	[pɛrɛdpʲ'liʧʲa]

| codo (m) | лікоть (ч) | ['likotʲ] |
| hombro (m) | плече (с) | [plɛ'ʧɛ] |

pierna (f)	гомілка (ж)	[ɦo'milka]
planta (f)	ступня (ж)	[stup'nʲa]
rodilla (f)	коліно (с)	[ko'lino]
pantorrilla (f)	литка (ж)	['litka]

| cadera (f) | стегно (с) | [stɛɦ'nɔ] |
| talón (m) | п'ятка (ж) | ['pʲʲatka] |

cuerpo (m)	тіло (с)	['tilo]
vientre (m)	живіт (ч)	[ʒi'wit]
pecho (m)	груди (мн)	['ɦrudɨ]
seno (m)	груди (мн)	['ɦrudɨ]
lado (m), costado (m)	бік (ч)	[bik]
espalda (f)	спина (ж)	['spina]

| zona (f) lumbar | поперек (ч) | [popɛ'rɛk] |
| cintura (f), talle (m) | талія (ж) | ['taliʲa] |

ombligo (m)	пупок (ч)	[pu'pɔk]
nalgas (f pl)	сідниці (мн)	[sid'nitsi]
trasero (m)	зад (ч)	[zad]

lunar (m)	родимка (ж)	['rɔdimka]
marca (f) de nacimiento	родима пляма (ж)	[ro'dima 'plʲama]
tatuaje (m)	татуювання (с)	[tatuʲu'wanʲa]
cicatriz (f)	рубець (ч)	[ru'bɛts]

63. Las enfermedades

enfermedad (f)	хвороба (ж)	[hwo'rɔba]
estar enfermo	хворіти	[hwo'riti]
salud (f)	здоров'я (c)	[zdo'rɔwⁱⱼa]
resfriado (m) (coriza)	нежить (ч)	['nɛʒitⁱ]
angina (f)	ангіна (ж)	[an'ɦina]
resfriado (m)	застуда (ж)	[za'studa]
resfriarse (vr)	застудитися	[zastu'ditisⁱa]
bronquitis (f)	бронхіт (ч)	[bron'hit]
pulmonía (f)	запалення (c) легенів	[za'palɛnja lɛ'ɦɛniw]
gripe (f)	грип (ч)	[ɦrip]
miope (adj)	короткозорий	[korotko'zɔrij]
présbita (adj)	далекозорий	[dalɛko'zɔrij]
estrabismo (m)	косоокість (ж)	[koso'ɔkistⁱ]
estrábico (m) (adj)	косоокий	[koso'ɔkij]
catarata (f)	катаракта (ж)	[kata'rakta]
glaucoma (m)	глаукома (ж)	[ɦlau'kɔma]
insulto (m)	інсульт (ч)	[in'sulⁱt]
ataque (m) cardiaco	інфаркт (ч)	[in'farkt]
infarto (m) de miocardio	інфаркт (ч) міокарду	[in'farkt mio'kardu]
parálisis (f)	параліч (ч)	[para'liʧ]
paralizar (vt)	паралізувати	[paralizu'wati]
alergia (f)	алергія (ж)	[alɛr'ɦiⁱa]
asma (f)	астма (ж)	['astma]
diabetes (f)	діабет (ч)	[dia'bɛt]
dolor (m) de muelas	зубний біль (ч)	[zub'nij bilⁱ]
caries (f)	карієс (ч)	['kariɛs]
diarrea (f)	діарея (ж)	[dia'rɛⁱa]
estreñimiento (m)	запор (ч)	[za'pɔr]
molestia (f) estomacal	розлад (ч) шлунку	['rɔzlad 'ʃlunku]
envenenamiento (m)	отруєння (c)	[ot'ruɛnⁱa]
envenenarse (vr)	отруїтись	[otru'jitisⁱ]
artritis (f)	артрит (ч)	[art'rit]
raquitismo (m)	рахіт (ч)	[ra'hit]
reumatismo (m)	ревматизм (ч)	[rɛwma'tizm]
ateroesclerosis (f)	атеросклероз (ч)	[atɛrosklɛ'rɔz]
gastritis (f)	гастрит (ч)	[ɦast'rit]
apendicitis (f)	апендицит (ч)	[apɛndi'ʦit]
colecistitis (f)	холецистит (ч)	[holɛʦis'tit]
úlcera (f)	виразка (ж)	['wirazka]
sarampión (m)	кір (ч)	[kir]

rubeola (f)	краснуха (ж)	[kras'nuha]
ictericia (f)	жовтуха (ж)	[ʒow'tuha]
hepatitis (f)	гепатит (ч)	[hɛpa'tit]

esquizofrenia (f)	шизофренія (ж)	[ʃizofrɛ'niʲa]
rabia (f) (hidrofobia)	сказ (ч)	[skaz]
neurosis (f)	невроз (ч)	[nɛw'rɔz]
conmoción (f) cerebral	струс (ч) мозку	['strus 'mɔzku]

cáncer (m)	рак (ч)	[rak]
esclerosis (f)	склероз (ч)	[sklɛ'rɔz]
esclerosis (m) múltiple	розсіяний склероз (ч)	[roz'siʲanij sklɛ'rɔz]

alcoholismo (m)	алкоголізм (ч)	[alkoɦo'lizm]
alcohólico (m)	алкоголік (ч)	[alko'ɦolik]
sífilis (f)	сифіліс (ч)	['sifilis]
SIDA (m)	СНІД (ч)	[snid]

tumor (m)	пухлина (ж)	[puh'lina]
maligno (adj)	злоякісна	[zlo'ʲakisna]
benigno (adj)	доброякісний	[dobro'ʲakisnij]

fiebre (f)	гарячка (ж)	[ɦa'rʲatʃka]
malaria (f)	малярія (ж)	[malʲa'riʲa]
gangrena (f)	гангрена (ж)	[ɦan'ɦrɛna]
mareo (m)	морська хвороба (ж)	[morsʲ'ka hwo'rɔba]
epilepsia (f)	епілепсія (ж)	[ɛpi'lɛpsiʲa]

epidemia (f)	епідемія (ж)	[ɛpi'dɛmiʲa]
tifus (m)	тиф (ч)	[tif]
tuberculosis (f)	туберкульоз (ч)	[tubɛrku'lʲoz]
cólera (f)	холера (ж)	[ho'lɛra]
peste (f)	чума (ж)	[tʃu'ma]

64. Los síntomas. Los tratamientos. Unidad 1

síntoma (m)	симптом (ч)	[simp'tɔm]
temperatura (f)	температура (ж)	[tɛmpɛra'tura]
fiebre (f)	висока температура (ж)	[wi'sɔka tɛmpɛra'tura]
pulso (m)	пульс (ч)	[pulʲs]

mareo (m) (vértigo)	запаморочення (c)	[za'pamorotʃɛnʲa]
caliente (adj)	гарячий	[ɦa'rʲatʃij]
escalofrío (m)	озноб (ч)	[oz'nɔb]
pálido (adj)	блідий	[bli'dij]

tos (f)	кашель (ч)	['kaʃɛlʲ]
toser (vi)	кашляти	['kaʃlʲati]
estornudar (vi)	чхати	['tʃhati]
desmayo (m)	непритомність (ж)	[nɛpri'tɔmnistʲ]

desmayarse (vr)	знепритомніти	[znɛpri'tɔmniti]
moradura (f)	синець (ч)	[si'nɛts]
chichón (m)	гуля (ж)	['ɦulʲa]
golpearse (vr)	ударитись	[u'daritisʲ]
magulladura (f)	забите місце (c)	[za'bitɛ 'mistsɛ]
magullarse (vr)	забитися	[za'bitisʲa]

cojear (vi)	кульгати	[kulʲ'ɦati]
dislocación (f)	вивих (ч)	['wiwiɦ]
dislocar (vt)	вивихнути	['wiwiɦnuti]
fractura (f)	перелом (ч)	[pɛrɛ'lɔm]
tener una fractura	дістати перелом	[dis'tati pɛrɛ'lɔm]

corte (m) (tajo)	поріз (ч)	[po'riz]
cortarse (vr)	порізатися	[po'rizatisʲa]
hemorragia (f)	кровотеча (ж)	[krowo'tɛtʃa]

| quemadura (f) | опік (ч) | ['ɔpik] |
| quemarse (vr) | обпектися | [obpɛk'tisʲa] |

pincharse (~ el dedo)	уколоти	[uko'lɔti]
pincharse (vr)	уколотися	[uko'lɔtisʲa]
herir (vt)	пошкодити	[poʃ'kɔditi]
herida (f)	ушкодження (c)	[uʃ'kɔdʒɛnʲa]
lesión (f) (herida)	рана (ж)	['rana]
trauma (m)	травма (ж)	['trawma]

delirar (vi)	марити	['mariti]
tartamudear (vi)	заїкатися	[zajiˈkatisʲa]
insolación (f)	сонячний удар (ч)	['sɔnʲatʃnij u'dar]

65. Los síntomas. Los tratamientos. Unidad 2

| dolor (m) | біль (ч) | [bilʲ] |
| astilla (f) | скалка (ж) | ['skalka] |

sudor (m)	піт (ч)	[pit]
sudar (vi)	спітніти	[spit'niti]
vómito (m)	блювота (ж)	[blʲu'wɔta]
convulsiones (f pl)	судома (ж)	[su'dɔma]

embarazada (adj)	вагітна	[wa'ɦitna]
nacer (vi)	народитися	[naro'ditisʲa]
parto (m)	пологи (мн)	[po'lɔɦi]
dar a luz	народжувати	[na'rɔdʒuwati]
aborto (m)	аборт (ч)	[a'bɔrt]

respiración (f)	дихання (c)	['diɦanʲa]
inspiración (f)	вдих (ч)	[wdiɦ]
espiración (f)	видих (ч)	['widiɦ]

| espirar (vi) | видихнути | ['widihnuti] |
| inspirar (vi) | зробити вдих | [zro'biti wdih] |

inválido (m)	інвалід (ч)	[inwa'lid]
mutilado (m)	каліка (ч)	[ka'lika]
drogadicto (m)	наркоман (ч)	[narko'man]

sordo (adj)	глухий (ч)	[ɦlu'hij]
mudo (adj)	німий (ч)	[ni'mij]
sordomudo (adj)	глухонімий (ч)	[ɦluhoni'mij]

loco (adj)	божевільний	[boʒɛ'wilʲnij]
loco (m)	божевільний (ч)	[boʒɛ'wilʲnij]
loca (f)	божевільна (ж)	[boʒɛ'wilʲna]
volverse loco	збожеволіти	[zboʒɛ'wɔliti]

gen (m)	ген (ч)	[ɦɛn]
inmunidad (f)	імунітет (ч)	[imuni'tɛt]
hereditario (adj)	спадковий	[spad'kɔwij]
de nacimiento (adj)	вроджений	['wrɔdʒɛnij]

virus (m)	вірус (ч)	['wirus]
microbio (m)	мікроб (ч)	[mik'rɔb]
bacteria (f)	бактерія (ж)	[bak'tɛriʲa]
infección (f)	інфекція (ж)	[in'fɛktsiʲa]

66. Los síntomas. Los tratamientos. Unidad 3

| hospital (m) | лікарня (ж) | [li'karnʲa] |
| paciente (m) | пацієнт (ч) | [patsi'ɛnt] |

diagnosis (f)	діагноз (ч)	[di'aɦnoz]
cura (f)	лікування (с)	[liku'wanʲa]
tratamiento (m)	лікування (с)	[liku'wanʲa]
curarse (vr)	лікуватися	[liku'watisʲa]
tratar (vt)	лікувати	[liku'wati]
cuidar (a un enfermo)	доглядати	[doɦlʲa'dati]
cuidados (m pl)	догляд (ч)	['dɔɦlʲad]

operación (f)	операція (ж)	[opɛ'ratsiʲa]
vendar (vt)	перев'язати	[pɛrɛw'ʲa'zati]
vendaje (m)	перев'язка (ж)	[pɛrɛ'w'ʲazka]

vacunación (f)	щеплення (с)	['ɕɛplɛnʲa]
vacunar (vt)	робити щеплення	[ro'biti 'ɕɛplɛnʲa]
inyección (f)	ін'єкція (ж)	[iⁿ'ʲɛktsiʲa]
aplicar una inyección	робити укол	[ro'biti u'kɔl]

| amputación (f) | ампутація (ж) | [ampu'tatsiʲa] |
| amputar (vt) | ампутувати | [amputu'wati] |

coma (m)	кома (ж)	['kɔma]
estar en coma	бути в комі	['buti w 'kɔmi]
revitalización (f)	реанімація (ж)	[rɛani'matsiʲa]
recuperarse (vr)	видужувати	[wi'duʒuwati]
estado (m) (de salud)	стан (ч)	['stan]
consciencia (f)	свідомість (ж)	[swi'dɔmistʲ]
memoria (f)	пам'ять (ж)	['pamʲʲatʲ]
extraer (un diente)	видалити	['widaliti]
empaste (m)	пломба (ж)	['plɔmba]
empastar (vt)	пломбувати	[plɔmbu'wati]
hipnosis (f)	гіпноз (ч)	[ɦip'nɔz]
hipnotizar (vt)	гіпнотизувати	[ɦipnotizu'wati]

67. La medicina. Las drogas. Los accesorios

medicamento (m), droga (f)	ліки (мн)	['liki]
remedio (m)	засіб (ч)	['zasib]
prescribir (vt)	прописати	[propi'sati]
receta (f)	рецепт (ч)	[rɛ'tsɛpt]
tableta (f)	пігулка (ж)	[pi'ɦulka]
ungüento (m)	мазь (ж)	[mazʲ]
ampolla (f)	ампула (ж)	['ampula]
mixtura (f), mezcla (f)	мікстура (ж)	[miks'tura]
sirope (m)	сироп (ч)	[si'rɔp]
píldora (f)	пілюля (ж)	[pi'lʲulʲa]
polvo (m)	порошок (ч)	[poro'ʃɔk]
venda (f)	бинт (ч)	[bint]
algodón (m) (discos de ~)	вата (ж)	['wata]
yodo (m)	йод (ч)	[ʲod]
tirita (f), curita (f)	лейкопластир (ч)	[lɛjko'plastir]
pipeta (f)	піпетка (ж)	[pi'pɛtka]
termómetro (m)	градусник (ч)	['ɦradusnik]
jeringa (f)	шприц (ч)	[ʃprits]
silla (f) de ruedas	коляска (ж)	[ko'lʲaska]
muletas (f pl)	милиці (мн)	['militsi]
anestésico (m)	знеболювальне (с)	[znɛ'bɔlʲuwalʲnɛ]
purgante (m)	проносне (с)	[pronos'nɛ]
alcohol (m)	спирт (ч)	[spirt]
hierba (f) medicinal	трава (ж)	[tra'wa]
de hierbas (té ~)	трав'яний	[trawʲʲa'nij]

EL APARTAMENTO

T&P Books Publishing

68. El apartamento

apartamento (m)	квартира (ж)	[kwar'tira]
habitación (f)	кімната (ж)	[kim'nata]
dormitorio (m)	спальня (ж)	['spalʲnʲa]
comedor (m)	їдальня (ж)	['jidalʲnʲa]
salón (m)	вітальня (ж)	[wi'talʲnʲa]
despacho (m)	кабінет (ч)	[kabi'nɛt]
antecámara (f)	передпокій (ч)	[pɛrɛd'pɔkij]
cuarto (m) de baño	ванна кімната (ж)	['wana kim'nata]
servicio (m)	туалет (ч)	[tua'lɛt]
techo (m)	стеля (ж)	['stɛlʲa]
suelo (m)	підлога (ж)	[pid'lɔɦa]
rincón (m)	куток (ч)	[ku'tɔk]

69. Los muebles. El interior

muebles (m pl)	меблі (мн)	['mɛbli]
mesa (f)	стіл (ч)	[stil]
silla (f)	стілець (ч)	[sti'lɛts]
cama (f)	ліжко (с)	['liʒko]
sofá (m)	диван (ч)	[di'wan]
sillón (m)	крісло (с)	['krislo]
librería (f)	шафа (ж)	['ʃafa]
estante (m)	полиця (ж)	[po'lʲitsʲa]
armario (m)	шафа (ж)	['ʃafa]
percha (f)	вішалка (ж)	['wiʃalka]
perchero (m) de pie	вішак (ч)	[wi'ʃak]
cómoda (f)	комод (ч)	[ko'mɔd]
mesa (f) de café	журнальний столик (ч)	[ʒur'nalʲnij 'stɔlik]
espejo (m)	дзеркало (с)	['dzɛrkalo]
tapiz (m)	килим (ч)	['kilim]
alfombra (f)	килимок (ч)	[kʲilʲi'mɔk]
chimenea (f)	камін (ч)	[ka'min]
vela (f)	свічка (ж)	['switʃka]
candelero (m)	свічник (ч)	[switʃ'nik]
cortinas (f pl)	штори (мн)	['ʃtɔri]

empapelado (m)	шпалери (мн)	[ʃpaˈlɛri]
estor (m) de láminas	жалюзі (мн)	[ʒalʲuzi]
lámpara (f) de mesa	настільна лампа (ж)	[naˈstilʲna ˈlampa]
aplique (m)	світильник (ч)	[swiˈtilʲnik]
lámpara (f) de pie	торшер (ч)	[torˈʃɛr]
lámpara (f) de araña	люстра (ж)	[ˈlʲustra]
pata (f) (~ de la mesa)	ніжка (ж)	[ˈniʒka]
brazo (m)	підлокітник (ч)	[pidloˈkitnik]
espaldar (m)	спинка (ж)	[ˈspinka]
cajón (m)	шухляда (ж)	[ʃuhˈlʲada]

70. Los accesorios de cama

ropa (f) de cama	білизна (ж)	[biˈlizna]
almohada (f)	подушка (ж)	[poˈduʃka]
funda (f)	наволочка (ж)	[ˈnawolotʃka]
manta (f)	ковдра (ж)	[ˈkɔwdra]
sábana (f)	простирадло (с)	[prostiˈradlo]
sobrecama (f)	покривало (с)	[pokriˈwalo]

71. La cocina

cocina (f)	кухня (ж)	[ˈkuhnʲa]
gas (m)	газ (ч)	[ɦaz]
cocina (f) de gas	плита (ж) газова	[pliˈta ˈɦazowa]
cocina (f) eléctrica	плита (ж) електрична	[pliˈta ɛlɛktˈritʃna]
horno (m)	духовка (ж)	[duˈhɔwka]
horno (m) microondas	мікрохвильова піч (ж)	[mikrohwilʲoˈwa pitʃ]
frigorífico (m)	холодильник (ч)	[holoˈdilʲnik]
congelador (m)	морозильник (ч)	[moroˈzilʲnik]
lavavajillas (m)	посудомийна машина (ж)	[posudoˈmijna maˈʃina]
picadora (f) de carne	м'ясорубка (ж)	[mʲiasoˈrubka]
exprimidor (m)	соковижималка (ж)	[sokowiʒiˈmalka]
tostador (m)	тостер (ч)	[ˈtɔstɛr]
batidora (f)	міксер (ч)	[ˈmiksɛr]
cafetera (f) (aparato de cocina)	кавоварка (ж)	[kawoˈwarka]
cafetera (f) (para servir)	кавник (ч)	[kawˈnik]
molinillo (m) de café	кавомолка (ж)	[kawoˈmɔlka]
hervidor (m) de agua	чайник (ч)	[ˈtʃajnik]
tetera (f)	заварник (ч)	[zaˈwarnik]

| tapa (f) | кришка (ж) | ['kriʃka] |
| colador (m) de té | ситечко (c) | ['sitɛtʃko] |

cuchara (f)	ложка (ж)	['lɔʒka]
cucharilla (f)	чайна ложка (ж)	['tʃajna 'lɔʒka]
cuchara (f) de sopa	столова ложка (ж)	[sto'lɔwa 'lɔʒka]
tenedor (m)	виделка (ж)	[wi'dɛlka]
cuchillo (m)	ніж (ч)	[niʒ]

vajilla (f)	посуд (ч)	['pɔsud]
plato (m)	тарілка (ж)	[ta'rilka]
platillo (m)	блюдце (c)	['blʲudtsɛ]

vaso (m) de chupito	чарка (ж)	['tʃarka]
vaso (m) (~ de agua)	склянка (ж)	['sklʲanka]
taza (f)	чашка (ж)	['tʃaʃka]

azucarera (f)	цукорниця (ж)	['tsukornitsʲa]
salero (m)	сільничка (ж)	[silʲ'nitʃka]
pimentero (m)	перечниця (ж)	['pɛrɛtʃnitsʲa]
mantequera (f)	маслянка (ж)	['maslʲanka]

cacerola (f)	каструля (ж)	[kas'trulʲa]
sartén (f)	сковорідка (ж)	[skowo'ridka]
cucharón (m)	черпак (ч)	[tʃɛr'pak]
colador (m)	друшляк (ч)	[druʃ'lʲak]
bandeja (f)	піднос (ч)	[pid'nɔs]

botella (f)	пляшка (ж)	['plʲaʃka]
tarro (m) de vidrio	банка (ж)	['banka]
lata (f)	банка (ж)	['banka]

abrebotellas (m)	відкривачка (ж)	[widkri'watʃka]
abrelatas (m)	відкривачка (ж)	[widkri'watʃka]
sacacorchos (m)	штопор (ч)	['ʃtopor]
filtro (m)	фільтр (ч)	['filʲtr]
filtrar (vt)	фільтрувати	[filʲtru'wati]

| basura (f) | сміття (c) | [smit'tʲa] |
| cubo (m) de basura | відро (c) для сміття | [wid'ro dlʲa smit'tʲa] |

72. El baño

cuarto (m) de baño	ванна кімната (ж)	['wana kim'nata]
agua (f)	вода (ж)	[wo'da]
grifo (m)	кран (ч)	[kran]
agua (f) caliente	гаряча вода (ж)	[ɦa'rʲatʃa wo'da]
agua (f) fría	холодна вода (ж)	[ho'lɔdna wo'da]
pasta (f) de dientes	зубна паста (ж)	[zub'na 'pasta]
limpiarse los dientes	чистити зуби	['tʃistiti 'zubi]

afeitarse (vr)	голитися	[ɦoˈlitisʲa]
espuma (f) de afeitar	піна (ж) для гоління	[ˈpina dlʲa ɦoˈlinʲa]
maquinilla (f) de afeitar	бритва (ж)	[ˈbritwa]

lavar (vt)	мити	[ˈmiti]
darse un baño	митися	[ˈmitisʲa]
ducha (f)	душ (ч)	[duʃ]
darse una ducha	приймати душ	[prijˈmati duʃ]

bañera (f)	ванна (ж)	[ˈwana]
inodoro (m)	унітаз (ч)	[uniˈtaz]
lavabo (m)	раковина (ж)	[ˈrakowina]

| jabón (m) | мило (с) | [ˈmilo] |
| jabonera (f) | мильниця (ж) | [ˈmilʲnitsʲa] |

esponja (f)	губка (ж)	[ˈɦubka]
champú (m)	шампунь (ч)	[ʃamˈpunʲ]
toalla (f)	рушник (ч)	[ruʃˈnik]
bata (f) de baño	халат (ч)	[haˈlat]

colada (f), lavado (m)	прання (с)	[praˈnʲa]
lavadora (f)	пральна машина (ж)	[ˈpralʲna maˈʃina]
lavar la ropa	прати білизну	[ˈprati biˈliznu]
detergente (m) en polvo	пральний порошок (ч)	[ˈpralʲnij poroˈʃɔk]

73. Los aparatos domésticos

televisor (m)	телевізор (ч)	[tɛlɛˈwizor]
magnetófono (m)	магнітофон (ч)	[maɦnitoˈfɔn]
vídeo (m)	відеомагнітофон (ч)	[ˈwidɛo maɦnitoˈfɔn]
radio (m)	приймач (ч)	[prijˈmatʃ]
reproductor (m) (~ MP3)	плеєр (ч)	[ˈplɛɛr]

proyector (m) de vídeo	відеопроектор (ч)	[ˈwidɛo proˈɛktor]
sistema (m) home cinema	домашній кінотеатр (ч)	[doˈmaʃnij kinotɛˈatr]
reproductor (m) de DVD	програвач (ч) DVD	[proɦraˈwatʃ diwiˈdi]
amplificador (m)	підсилювач (ч)	[pidˈsilʲuwatʃ]
videoconsola (f)	гральна приставка (ж)	[ˈɦralʲna priˈstawka]

cámara (f) de vídeo	відеокамера (ж)	[ˈwidɛo ˈkamɛra]
cámara (f) fotográfica	фотоапарат (ч)	[fotoapaˈrat]
cámara (f) digital	цифровий фотоапарат (ч)	[tsifroˈwij fotoapaˈrat]

aspirador (m), aspiradora (f)	пилосос (ч)	[pilоˈsos]
plancha (f)	праска (ж)	[ˈpraska]
tabla (f) de planchar	дошка (ж) для прасування	[ˈdoʃka dlʲa prasuˈwanʲa]
teléfono (m)	телефон (ч)	[tɛlɛˈfɔn]

teléfono (m) móvil	**мобільний телефон** (ч)	[mo'bilʲnij tɛlɛ'fɔn]
máquina (f) de escribir	**машинка** (ж)	[ma'ʃinka]
máquina (f) de coser	**швейна машинка** (ж)	['ʃwɛjna ma'ʃinka]
micrófono (m)	**мікрофон** (ч)	[mikro'fɔn]
auriculares (m pl)	**навушники** (мн)	[na'wuʃnikɨ]
mando (m) a distancia	**пульт** (ч)	[pulʲt]
CD (m)	**CD-диск** (ч)	[si'di dɨsk]
casete (m)	**касета** (ж)	[ka'sɛta]
disco (m) de vinilo	**платівка** (ж)	[pla'tiwka]

LA TIERRA. EL TIEMPO

T&P Books Publishing

cosmos (m)	космос (ч)	['kɔsmos]
espacial, cósmico (adj)	космічний	[kos'mitʃnij]
espacio (m) cósmico	космічний простір (ч)	[kos'mitʃnij 'prɔstir]
mundo (m), universo (m)	всесвіт (ч)	['wsɛswit]
galaxia (f)	галактика (ж)	[ɦa'laktika]
estrella (f)	зірка (ж)	['zirka]
constelación (f)	сузір'я (c)	[su'zirʲa]
planeta (m)	планета (ж)	[pla'nɛta]
satélite (m)	супутник (ч)	[su'putnik]
meteorito (m)	метеорит (ч)	[mɛtɛo'rit]
cometa (m)	комета (ж)	[ko'mɛta]
asteroide (m)	астероїд (ч)	[astɛ'rɔjid]
órbita (f)	орбіта (ж)	[or'bita]
girar (vi)	обертатися	[obɛr'tatisʲa]
atmósfera (f)	атмосфера (ж)	[atmos'fɛra]
Sol (m)	Сонце (c)	['sɔntsɛ]
sistema (m) solar	Сонячна система (ж)	['sɔnʲatʃna sis'tɛma]
eclipse (m) de Sol	сонячне затемнення (c)	['sɔnʲatʃnɛ za'tɛmnɛnʲa]
Tierra (f)	Земля (ж)	[zɛm'lʲa]
Luna (f)	Місяць (ж)	['misʲats]
Marte (m)	Марс (ч)	[mars]
Venus (f)	Венера (ж)	[wɛ'nɛra]
Júpiter (m)	Юпітер (ч)	[ʲu'pitɛr]
Saturno (m)	Сатурн (ч)	[sa'turn]
Mercurio (m)	Меркурій (ч)	[mɛr'kurij]
Urano (m)	Уран (ч)	[u'ran]
Neptuno (m)	Нептун (ч)	[nɛp'tun]
Plutón (m)	Плутон (ч)	[plu'tɔn]
la Vía Láctea	Чумацький Шлях (ч)	[tʃu'matskij ʃlʲah]
la Osa Mayor	Велика Ведмедиця (ж)	[wɛ'lika wɛd'mɛditsʲa]
la Estrella Polar	Полярна Зірка (ж)	[po'lʲarna 'zirka]
marciano (m)	марсіанин (ч)	[marsi'anin]
extraterrestre (m)	інопланетянин (ч)	[inoplanɛ'tʲanin]
planetícola (m)	прибулець (ч)	[pri'bulɛts]

platillo (m) volante	літальна тарілка (ж)	[li'tal'na ta'rilka]
nave (f) espacial	космічний корабель (ч)	[kos'mitʃnij kora'bɛlʲ]
estación (f) orbital	орбітальна станція (ж)	[orbi'talʲna 'stanʦiʲa]
despegue (m)	старт (ч)	[start]

motor (m)	двигун (ч)	[dwi'ɦun]
tobera (f)	сопло (с)	['sɔplo]
combustible (m)	паливо (с)	['paliwo]

carlinga (f)	кабіна (ж)	[ka'bina]
antena (f)	антена (ж)	[an'tɛna]
ventana (f)	ілюмінатор (ч)	[ilʲumi'nator]
batería (f) solar	сонячна батарея (ж)	['sɔnʲatʃna bata'rɛʲa]
escafandra (f)	скафандр (ч)	[ska'fandr]

| ingravidez (f) | невагомість (ж) | [nɛwa'ɦɔmistʲ] |
| oxígeno (m) | кисень (ч) | ['kisɛnʲ] |

| atraque (m) | стикування (с) | [stiku'wanʲa] |
| realizar el atraque | здійснювати стикування | ['zdijsnʲuwati stiku'wanʲa] |

observatorio (m)	обсерваторія (ж)	[obsɛrwa'tɔriʲa]
telescopio (m)	телескоп (ч)	[tɛlɛ'skɔp]
observar (vt)	спостерігати	[spostɛri'ɦati]
explorar (~ el universo)	досліджувати	[do'slidʒuwati]

75. La tierra

Tierra (f)	Земля (ж)	[zɛm'lʲa]
globo (m) terrestre	земна куля (ж)	[zɛm'na 'kulʲa]
planeta (m)	планета (ж)	[pla'nɛta]

atmósfera (f)	атмосфера (ж)	[atmos'fɛra]
geografía (f)	географія (ж)	[ɦɛo'ɦrafiʲa]
naturaleza (f)	природа (ж)	[pri'rɔda]
globo (m) terráqueo	глобус (ч)	['ɦlɔbus]
mapa (m)	карта (ж)	['karta]
atlas (m)	атлас (ч)	['atlas]

Europa (f)	Європа (ж)	[ɛw'rɔpa]
Asia (f)	Азія (ж)	['aziʲa]
África (f)	Африка (ж)	['afrika]
Australia (f)	Австралія (ж)	[aw'straliʲa]

América (f)	Америка (ж)	[a'mɛrilʦa]
América (f) del Norte	Північна Америка (ж)	[piw'nitʃna a'mɛrika]
América (f) del Sur	Південна Америка (ж)	[piw'dɛna a'mɛrika]
Antártida (f)	Антарктида (ж)	[antark'tida]
Ártico (m)	Арктика (ж)	['arktika]

76. Los puntos cardinales

norte (m)	північ (ж)	['piwnitʃ]
al norte	на північ	[na 'piwnitʃ]
en el norte	на півночі	[na 'piwnotʃi]
del norte (adj)	північний	[piw'nitʃnij]
sur (m)	південь (ч)	['piwdɛnʲ]
al sur	на південь	[na 'piwdɛnʲ]
en el sur	на півдні	[na 'piwdni]
del sur (adj)	південний	[piw'dɛnij]
oeste (m)	захід (ч)	['zahid]
al oeste	на захід	[na 'zahid]
en el oeste	на заході	[na 'zahodi]
del oeste (adj)	західний	['zahidnij]
este (m)	схід (ч)	[shid]
al este	на схід	[na 'shid]
en el este	на сході	[na 'shɔdi]
del este (adj)	східний	['shidnij]

77. El mar. El océano

mar (m)	море (c)	['mɔrɛ]
océano (m)	океан (ч)	[okɛ'an]
golfo (m)	затока (ж)	[za'tɔka]
estrecho (m)	протока (ж)	[pro'tɔka]
continente (m)	материк (ч)	[matɛ'rik]
isla (f)	острів (ч)	['ɔstriw]
península (f)	півострів (ч)	[pi'wɔstriw]
archipiélago (m)	архіпелаг (ч)	[arhipɛ'laɦ]
bahía (f)	бухта (ж)	['buhta]
ensenada, bahía (f)	гавань (ж)	['ɦawanʲ]
laguna (f)	лагуна (ж)	[la'ɦuna]
cabo (m)	мис (ч)	[mis]
atolón (m)	атол (ч)	[a'tɔl]
arrecife (m)	риф (ч)	[rif]
coral (m)	корал (ч)	[ko'ral]
arrecife (m) de coral	кораловий риф (ч)	[ko'ralowij rif]
profundo (adj)	глибокий	[ɦli'bɔkij]
profundidad (f)	глибина (ж)	[ɦlibi'na]
abismo (m)	безодня (ж)	['bɛzdna]
fosa (f) oceánica	западина (ж)	[za'padina]
corriente (f)	течія (ж)	['tɛtʃiʲa]

bañar (rodear)	омивати	[omi'wati]
orilla (f)	берег (ч)	['bɛrɛɦ]
costa (f)	узбережжя (с)	[uzbɛ'rɛʑʲa]

flujo (m)	приплив (ч)	[prip'lɨw]
reflujo (m)	відплив (ч)	[wid'plɨw]
banco (m) de arena	обмілина (ж)	[ob'milina]
fondo (m)	дно (с)	[dno]

ola (f)	хвиля (ж)	['hwilʲa]
cresta (f) de la ola	гребінь (ч) хвилі	['ɦrɛbinʲ 'hwili]
espuma (f)	піна (ж)	[pi'na]

tempestad (f)	буря (ж)	['burʲa]
huracán (m)	ураган (ч)	[uraɦan]
tsunami (m)	цунамі (с)	[ʦu'nami]
bonanza (f)	штиль (ч)	[ʃtɨlʲ]
calmo, tranquilo	спокійний	[spo'kijnij]

| polo (m) | полюс (ч) | ['pɔlʲus] |
| polar (adj) | полярний | [po'lʲarnij] |

latitud (f)	широта (ж)	[ʃiro'ta]
longitud (f)	довгота (ж)	[dowɦo'ta]
paralelo (m)	паралель (ж)	[para'lɛlʲ]
ecuador (m)	екватор (ч)	[ɛk'wator]

cielo (m)	небо (с)	['nɛbo]
horizonte (m)	горизонт (ч)	[ɦori'zɔnt]
aire (m)	повітря (с)	[po'witrʲa]

faro (m)	маяк (ч)	[ma'ʲak]
bucear (vi)	пірнати	[pir'nati]
hundirse (vr)	затонути	[zato'nuti]
tesoros (m pl)	скарби (мн)	[skar'bi]

78. Los nombres de los mares y los océanos

océano (m) Atlántico	Атлантичний океан (ч)	[atlan'titʃnij okɛ'an]
océano (m) Índico	Індійський океан (ч)	[in'dijsʲkij okɛ'an]
océano (m) Pacífico	Тихий океан (ч)	['tɨhij okɛ'an]
océano (m) Glacial Ártico	Північний Льодовитий океан (ч)	[piw'nitʃnij lʲodo'witij okɛ'an]

mar (m) Negro	Чорне море (с)	['tʃɔrnɛ 'mɔrɛ]
mar (m) Rojo	Червоне море (с)	[tʃɛr'wonɛ 'mɔrɛ]
mar (m) Amarillo	Жовте море (с)	['ʒɔwtɛ 'mɔrɛ]
mar (m) Blanco	Біле море (с)	['bilɛ 'mɔrɛ]
mar (m) Caspio	Каспійське море (с)	[kas'pijsʲkɛ 'mɔrɛ]
mar (m) Muerto	Мертве море (с)	['mɛrtwɛ 'mɔrɛ]

mar (m) Mediterráneo	Середземне море (c)	[sɛrɛ'dzɛmnɛ 'mɔrɛ]
mar (m) Egeo	Егейське море (c)	[ɛ'ɦɛjsʲkɛ 'mɔrɛ]
mar (m) Adriático	Адріатичне море (c)	[adria'titʃnɛ 'mɔrɛ]
mar (m) Arábigo	Аравійське море (c)	[ara'wijsʲkɛ 'mɔrɛ]
mar (m) del Japón	Японське море (c)	[ja'ponsʲkɛ 'mɔrɛ]
mar (m) de Bering	Берингове море (c)	['bɛrinɦowɛ 'mɔrɛ]
mar (m) de la China Meridional	Південно-Китайське море (c)	[piw'dɛno ki'tajsʲkɛ 'mɔrɛ]
mar (m) del Coral	Коралове море (c)	[ko'ralowɛ 'mɔrɛ]
mar (m) de Tasmania	Тасманове море (c)	[tas'manowɛ 'mɔrɛ]
mar (m) Caribe	Карибське море (c)	[ka'ribsʲkɛ 'mɔrɛ]
mar (m) de Barents	Баренцове море (c)	['barɛntsowɛ 'mɔrɛ]
mar (m) de Kara	Карське море (c)	['karsʲkɛ 'mɔrɛ]
mar (m) del Norte	Північне море (c)	[piw'nitʃnɛ 'mɔrɛ]
mar (m) Báltico	Балтійське море (c)	[bal'tijsʲkɛ 'mɔrɛ]
mar (m) de Noruega	Норвезьке море (c)	[nor'wɛzʲkɛ 'mɔrɛ]

79. Las montañas

montaña (f)	гора (ж)	[ɦo'ra]
cadena (f) de montañas	гірське пасмо (c)	[ɦirsʲ'kɛ 'pasmo]
cresta (f) de montañas	гірський хребет (ч)	[ɦirsʲ'kij hrɛ'bɛt]
cima (f)	вершина (ж)	[wɛr'ʃina]
pico (m)	шпиль (ч)	[ʃpilʲ]
pie (m)	підніжжя (c)	[pid'niʒʲa]
cuesta (f)	схил (ч)	[shil]
volcán (m)	вулкан (ч)	[wul'kan]
volcán (m) activo	діючий вулкан (ч)	['diʲutʃij wul'kan]
volcán (m) apagado	згаслий вулкан (ч)	['zɦaslij wul'kan]
erupción (f)	виверження (c)	['wiwɛrʒɛnʲa]
cráter (m)	кратер (ч)	['kratɛr]
magma (m)	магма (ж)	['maɦma]
lava (f)	лава (ж)	['lawa]
fundido (lava ~a)	розжарений	[roz'ʒarɛnij]
cañón (m)	каньйон (ч)	[kanʲ'jon]
desfiladero (m)	ущелина (ж)	[u'ɕelina]
grieta (f)	ущелина (c)	[u'ɕelina]
puerto (m) (paso)	перевал (ч)	[pɛrɛ'wal]
meseta (f)	плато (c)	['plato]
roca (f)	скеля (ж)	['skɛlʲa]
colina (f)	горб (ч)	[ɦorb]

glaciar (m)	льодовик (ч)	[lʲodoˈwik]
cascada (f)	водоспад (ч)	[wodosˈpad]
geiser (m)	гейзер (ч)	[ˈɦɛjzɛr]
lago (m)	озеро (с)	[ˈɔzɛro]

llanura (f)	рівнина (ж)	[riwˈnina]
paisaje (m)	краєвид (ч)	[kraɛˈwid]
eco (m)	луна (ж)	[luˈna]

alpinista (m)	альпініст (ч)	[alʲpiˈnist]
escalador (m)	скелелаз (ч)	[skɛlɛˈlaz]
conquistar (vt)	підкоряти	[pidkoˈrʲati]
ascensión (f)	піднімання (с)	[pidniˈmanʲa]

80. Los nombres de las montañas

Alpes (m pl)	Альпи (мн)	[ˈalʲpi]
Montblanc (m)	Монблан (ч)	[monˈblan]
Pirineos (m pl)	Піренеї (мн)	[pirɛˈnɛji]

Cárpatos (m pl)	Карпати (мн)	[karˈpati]
Urales (m pl)	Уральські гори (мн)	[uˈralʲsʲki ˈɦɔri]
Cáucaso (m)	Кавказ (ч)	[kawˈkaz]
Elbrus (m)	Ельбрус (ч)	[ɛlʲbˈrus]

Altai (m)	Алтай (ч)	[alˈtaj]
Tian-Shan (m)	Тянь-Шань (мн)	[tʲanʲ ˈʃanʲ]
Pamir (m)	Памір (ч)	[paˈmir]
Himalayos (m pl)	Гімалаї (мн)	[ɦimaˈlaji]
Everest (m)	Еверест (ч)	[ɛwɛˈrɛst]

| Andes (m pl) | Анди (мн) | [ˈandi] |
| Kilimanjaro (m) | Кіліманджаро (ж) | [kilimanˈdʒaro] |

81. Los ríos

río (m)	ріка (ж)	[ˈrika]
manantial (m)	джерело (с)	[dʒɛrɛˈlɔ]
lecho (m) (curso de agua)	річище (с)	[ˈritʃiɕɛ]
cuenca (f) fluvial	басейн (ч)	[baˈsɛjn]
desembocar en …	упадати	[upaˈdati]

| afluente (m) | притока (ж) | [priˈtɔka] |
| ribera (f) | берег (ч) | [ˈbɛrɛɦ] |

corriente (f)	течія (ж)	[ˈtɛtʃiʲa]
río abajo (adv)	вниз за течією (ж)	[wniz za ˈtɛtʃiɛʲu]
río arriba (adv)	уверх по течії	[uˈwɛrh po ˈtɛtʃiji]

inundación (f)	повінь (ж)	['powinʲ]
riada (f)	повінь (ж)	['powinʲ]
desbordarse (vr)	розливатися	[rozlɨ'watisʲa]
inundar (vt)	затоплювати	[za'tɔplʲuwati]

| bajo (m) arenoso | мілина (ж) | [mili'na] |
| rápido (m) | поріг (ч) | [po'riɦ] |

presa (f)	гребля (ж)	['ɦrɛblʲa]
canal (m)	канал (ч)	[ka'nal]
lago (m) artificiale	водосховище (с)	[wodo'shɔwiɕɛ]
esclusa (f)	шлюз (ч)	[ʃlʲuz]

cuerpo (m) de agua	водоймище (с)	[wo'dɔjmiɕɛ]
pantano (m)	болото (с)	[bo'lɔto]
ciénaga (f)	трясовина (ж)	[trʲasowi'na]
remolino (m)	вир (ч)	[wir]

arroyo (m)	струмок (ч)	[stru'mɔk]
potable (adj)	питний	['pitnij]
dulce (agua ~)	прісний	['prisnij]

| hielo (m) | крига (ж) | ['kriɦa] |
| helarse (el lago, etc.) | замерзнути | [za'mɛrznuti] |

82. Los nombres de los ríos

| Sena (m) | Сена (ж) | ['sɛna] |
| Loira (m) | Луара (ж) | [lu'ara] |

Támesis (m)	Темза (ж)	['tɛmza]
Rin (m)	Рейн (ч)	[rɛjn]
Danubio (m)	Дунай (ч)	[du'naj]

Volga (m)	Волга (ж)	['wɔlɦa]
Don (m)	Дон (ч)	[don]
Lena (m)	Лена (ж)	['lɛna]

| Río (m) Amarillo | Хуанхе (ж) | [huan'hɛ] |
| Río (m) Azul | Янцзи (ж) | [jantsʲ'zi] |

| Mekong (m) | Меконг (ч) | [mɛ'kɔnɦ] |
| Ganges (m) | Ганг (ч) | [ɦanɦ] |

Nilo (m)	Ніл (ч)	[nil]
Congo (m)	Конго (ж)	['kɔnɦo]
Okavango (m)	Окаванго (ж)	[oka'wanɦo]
Zambeze (m)	Замбезі (ж)	[zam'bɛzi]
Limpopo (m)	Лімпопо (ж)	[limpo'po]
Misisipi (m)	Міссісіпі (ж)	[misi'sipi]

83. El bosque

bosque (m)	ліс (ч)	[lis]
de bosque (adj)	лісовий	[liso'wij]
espesura (f)	хаща (ж)	['haça]
bosquecillo (m)	гай (ч)	[ɦaj]
claro (m)	галявина (ж)	[ɦa'lʲawina]
maleza (f)	хащі (мн)	['haçi]
matorral (m)	чагарник (ч)	[ʧa'ɦarnik]
senda (f)	стежина (ж)	[stɛ'ʒina]
barranco (m)	яр (ч)	[jar]
árbol (m)	дерево (с)	['dɛrɛwo]
hoja (f)	листок (ч)	[lis'tɔk]
follaje (m)	листя (с)	['listʲa]
caída (f) de hojas	листопад (ч)	[listo'pad]
caer (las hojas)	опадати	[opa'dati]
cima (f)	верхівка (ж)	[wɛr'hiwka]
rama (f)	гілка (ж)	['ɦilka]
rama (f) (gruesa)	сук (ч)	[suk]
brote (m)	брунька (ж)	['brunʲka]
aguja (f)	голка (ж)	['ɦolka]
piña (f)	шишка (ж)	['ʃiʃka]
agujero (m)	дупло (с)	[dup'lɔ]
nido (m)	гніздо (с)	[ɦniz'dɔ]
tronco (m)	стовбур (ч)	['stɔwbur]
raíz (f)	корінь (ч)	['kɔrinʲ]
corteza (f)	кора (ж)	[ko'ra]
musgo (m)	мох (ч)	[moh]
extirpar (vt)	корчувати	[korʧu'wati]
talar (vt)	рубати	[ru'bati]
deforestar (vt)	вирубувати	[wi'rubuwati]
tocón (m)	пень (ч)	[pɛnʲ]
hoguera (f)	багаття (с)	[ba'ɦattʲa]
incendio (m) forestal	пожежа (ж)	[po'ʒɛʒa]
apagar (~ el incendio)	тушити	[tu'ʃiti]
guarda (m) forestal	лісник (ч)	[lis'nik]
protección (f)	охорона (ж)	[oho'rɔna]
proteger (vt)	охороняти	[ohoro'nʲati]
cazador (m) furtivo	браконьєр (ч)	[brako'nʲɛr]
cepo (m)	пастка (ж)	['pastka]

| recoger (setas, bayas) | збирати | [zbi'rati] |
| perderse (vr) | заблукати | [zablu'kati] |

84. Los recursos naturales

recursos (m pl) naturales	природні ресурси (мн)	[pri'rɔdni rɛ'sursi]
recursos (m pl) subterráneos	корисні копалини (мн)	['kɔrisni ko'palini]
depósitos (m pl)	поклади (мн)	['pɔkladi]
yacimiento (m)	родовище (с)	[ro'dɔwiɕɛ]

extraer (vt)	добувати	[dobu'wati]
extracción (f)	добування (с)	[dobu'wanʲa]
mena (f)	руда (ж)	[ru'da]
mina (f)	копальня (ж)	[ko'palʲnʲa]
pozo (m) de mina	шахта (ж)	['ʃahta]
minero (m)	шахтар (ч)	[ʃah'tar]

gas (m)	газ (ч)	[ɦaz]
gasoducto (m)	газопровід (ч)	[ɦazopro'wid]
petróleo (m)	нафта (ж)	['nafta]
oleoducto (m)	нафтопровід (ч)	[nafto'prɔwid]
pozo (m) de petróleo	нафтова вишка (ж)	['naftowa 'wiʃka]
torre (f) de sondeo	свердлова вежа (ж)	[swɛrd'lɔwa 'wɛʒa]
petrolero (m)	танкер (ч)	['tankɛr]

arena (f)	пісок (ч)	[pi'sɔk]
caliza (f)	вапняк (ч)	[wap'nʲak]
grava (f)	гравій (ч)	['ɦrawij]
turba (f)	торф (ч)	[torf]
arcilla (f)	глина (ж)	['ɦlina]
carbón (m)	вугілля (с)	[wu'ɦilʲa]

hierro (m)	залізо (с)	[za'lizo]
oro (m)	золото (с)	['zɔloto]
plata (f)	срібло (с)	['sriblo]

| níquel (m) | нікель (ч) | ['nikɛlʲ] |
| cobre (m) | мідь (ж) | [midʲ] |

| zinc (m) | цинк (ч) | ['tsink] |
| manganeso (m) | марганець (ч) | ['marɦanɛts] |

| mercurio (m) | ртуть (ж) | [rtutʲ] |
| plomo (m) | свинець (ч) | [swi'nɛts] |

mineral (m)	мінерал (ч)	[minɛ'ral]
cristal (m)	кристал (ч)	[kris'tal]
mármol (m)	мармур (ч)	['marmur]
uranio (m)	уран (ч)	[u'ran]

85. El tiempo

tiempo (m)	погода (ж)	[po'ɦoda]
previsión (f) del tiempo	прогноз (ч) погоди (ж)	[proɦ'nɔz po'ɦodi]
temperatura (f)	температура (ж)	[tɛmpɛra'tura]
termómetro (m)	термометр (ч)	[tɛr'mɔmɛtr]
barómetro (m)	барометр (ч)	[ba'rɔmɛtr]
humedad (f)	вологість (ж)	[woloɦistʲ]
bochorno (m)	спека (ж)	['spɛka]
tórrido (adj)	гарячий	[ɦa'rʲatʃij]
hace mucho calor	спекотно	[spɛ'kɔtno]
hace calor (templado)	тепло	['tɛplo]
templado (adj)	теплий	['tɛplij]
hace frío	холодно	['holodno]
frío (adj)	холодний	[ho'lɔdnij]
sol (m)	сонце (c)	['sɔnʦɛ]
brillar (vi)	світити	[swi'titi]
soleado (un día ~)	сонячний	['sɔnʲatʃnij]
elevarse (el sol)	зійти	[zij'ti]
ponerse (vr)	сісти	['sisti]
nube (f)	хмара (ж)	['hmara]
nuboso (adj)	хмарний	['hmarnij]
nubarrón (m)	хмара (ж)	['hmara]
nublado (adj)	похмурний	[poh'murnij]
lluvia (f)	дощ (ч)	[doɕ]
está lloviendo	йде дощ	[jdɛ doɕ]
lluvioso (adj)	дощовий	[doɕo'wij]
lloviznar (vi)	накрапати	[nakra'pati]
aguacero (m)	проливний дощ (ч)	[proliw'nij doɕ]
chaparrón (m)	злива (ж)	['zliwa]
fuerte (la lluvia ~)	сильний	['silʲnij]
charco (m)	калюжа (ж)	[ka'lʲuʒa]
mojarse (vr)	мокнути	['mɔknuti]
niebla (f)	туман (ч)	[tu'man]
nebuloso (adj)	туманний	[tu'manij]
nieve (f)	сніг (ч)	[sniɦ]
está nevando	йде сніг (ч)	[jdɛ sniɦ]

86. Los eventos climáticos severos. Los desastres naturales

tormenta (f)	гроза (ж)	[ɦro'za]
relámpago (m)	блискавка (ж)	['bliskawka]

relampaguear (vi)	блискати	['bliskati]
trueno (m)	грім (ч)	[ɦrim]
tronar (vi)	гриміти	[ɦri'miti]
está tronando	гримить грім	[ɦri'mitʲ ɦrim]

| granizo (m) | град (ч) | [ɦrad] |
| está granizando | йде град | [jdɛ ɦrad] |

| inundar (vt) | затопити | [zato'piti] |
| inundación (f) | повінь (ж) | ['pɔwinʲ] |

terremoto (m)	землетрус (ч)	[zɛmlɛt'rus]
sacudida (f)	поштовх (ч)	['pɔʃtowɦ]
epicentro (m)	епіцентр (ч)	[ɛpi'ʦɛntr]

| erupción (f) | виверження (с) | ['wiwɛrʒɛnʲa] |
| lava (f) | лава (ж) | ['lawa] |

torbellino (m)	смерч (ч)	[smɛrʧ]
tornado (m)	торнадо (ч)	[tor'nado]
tifón (m)	тайфун (ч)	[taj'fun]

huracán (m)	ураган (ч)	[uraɦan]
tempestad (f)	буря (ж)	['burʲa]
tsunami (m)	цунамі (с)	[ʦu'nami]

ciclón (m)	циклон (ч)	[ʦik'lɔn]
mal tiempo (m)	негода (ж)	[nɛ'ɦoda]
incendio (m)	пожежа (ж)	[po'ʒɛʒa]
catástrofe (f)	катастрофа (ж)	[kata'strɔfa]
meteorito (m)	метеорит (ч)	[mɛtɛo'rit]

avalancha (f)	лавина (ж)	[la'wina]
alud (m) de nieve	обвал (ч)	[ob'wal]
ventisca (f)	заметіль (ж)	[zamɛ'tilʲ]
nevasca (f)	завірюха (ж)	[zawi'rʲuha]

LA FAUNA

T&P Books Publishing

87. Los mamíferos. Los predadores

carnívoro (m)	хижак (ч)	[hi'ʒak]
tigre (m)	тигр (ч)	[tiħr]
león (m)	лев (ч)	[lɛw]
lobo (m)	вовк (ч)	[wowk]
zorro (m)	лисиця (ж)	[li'siʦʲa]
jaguar (m)	ягуар (ч)	[jaħu'ar]
leopardo (m)	леопард (ч)	[lɛo'pard]
guepardo (m)	гепард (ч)	[ħɛ'pard]
pantera (f)	пантера (ж)	[pan'tɛra]
puma (f)	пума (ж)	['puma]
leopardo (m) de las nieves	сніговий барс (ч)	[sniħo'wij bars]
lince (m)	рись (ж)	[risʲ]
coyote (m)	койот (ч)	[ko'jot]
chacal (m)	шакал (ч)	[ʃa'kal]
hiena (f)	гієна (ж)	[ħi'ɛna]

88. Los animales salvajes

animal (m)	тварина (ж)	[twa'rina]
bestia (f)	звір (ч)	[zwir]
ardilla (f)	білка (ж)	['bilka]
erizo (m)	їжак (ч)	[ji'ʒak]
liebre (f)	заєць (ч)	['zaɛʦ]
conejo (m)	кріль (ч)	[krilʲ]
tejón (m)	борсук (ч)	[bor'suk]
mapache (m)	єнот (ч)	[ɛ'nɔt]
hámster (m)	хом'як (ч)	[ho'mʲak]
marmota (f)	бабак (ч)	[ba'bak]
topo (m)	кріт (ч)	[krit]
ratón (m)	миша (ж)	['miʃa]
rata (f)	щур (ч)	[ɕur]
murciélago (m)	кажан (ч)	[ka'ʒan]
armiño (m)	горностай (ч)	[ħorno'staj]
cebellina (f)	соболь (ч)	['sobolʲ]
marta (f)	куниця (ж)	[ku'niʦʲa]

| comadreja (f) | ласка (ж) | ['laska] |
| visón (m) | норка (ж) | ['nɔrka] |

| castor (m) | бобер (ч) | [bo'bɛr] |
| nutria (f) | видра (ж) | ['wіdra] |

caballo (m)	кінь (ч)	[kinʲ]
alce (m)	лось (ч)	[losʲ]
ciervo (m)	олень (ч)	['ɔlɛnʲ]
camello (m)	верблюд (ч)	[wɛr'blʲud]

bisonte (m)	бізон (ч)	[bi'zɔn]
uro (m)	зубр (ч)	[zubr]
búfalo (m)	буйвіл (ч)	['bujwil]

cebra (f)	зебра (ж)	['zɛbra]
antílope (m)	антилопа (ж)	[anti'lɔpa]
corzo (m)	косуля (ж)	[ko'sulʲa]
gamo (m)	лань (ж)	[lanʲ]
gamuza (f)	сарна (ж)	['sarna]
jabalí (m)	вепр (ч)	[wɛpr]

ballena (f)	кит (ч)	[kit]
foca (f)	тюлень (ч)	[tʲu'lɛnʲ]
morsa (f)	морж (ч)	[mɔrʒ]
oso (m) marino	котик (ч)	['kɔtik]
delfín (m)	дельфін (ч)	[dɛlʲ'fin]

oso (m)	ведмідь (ч)	[wɛd'midʲ]
oso (m) blanco	білий ведмідь (ч)	['bilij wɛd'midʲ]
panda (f)	панда (ж)	['panda]

mono (m)	мавпа (ж)	['mawpa]
chimpancé (m)	шимпанзе (ч)	[ʃimpan'zɛ]
orangután (m)	орангутанг (ч)	[oranɦu'tanɦ]
gorila (m)	горила (ж)	[ɦo'rіla]
macaco (m)	макака (ж)	[ma'kaka]
gibón (m)	гібон (ч)	[ɦi'bɔn]

| elefante (m) | слон (ч) | [slon] |
| rinoceronte (m) | носоріг (ч) | [noso'riɦ] |

| jirafa (f) | жирафа (ж) | [ʒirafa] |
| hipopótamo (m) | бегемот (ч) | [bɛɦɛ'mɔt] |

| canguro (m) | кенгуру (ч) | [kɛnɦu'ru] |
| koala (f) | коала (ч) | [ko'ala] |

mangosta (f)	мангуст (ч)	[ma'nɦust]
chinchilla (f)	шиншила (ж)	[ʃin'ʃila]
mofeta (f)	скунс (ч)	[skuns]
espín (m)	дикобраз (ч)	[diko'braz]

89. Los animales domésticos

gata (f)	кішка (ж)	['kiʃka]
gato (m)	кіт (ч)	[kit]
caballo (m)	коняка (ж)	[koˈnʲaka]
garañón (m)	жеребець (ч)	[ʒɛrɛˈbɛts]
yegua (f)	кобила (ж)	[koˈbiɫa]
vaca (f)	корова (ж)	[koˈrɔwa]
toro (m)	бик (ч)	[bik]
buey (m)	віл (ч)	[wil]
oveja (f)	вівця (ж)	[wiwˈtsʲa]
carnero (m)	баран (ч)	[baˈran]
cabra (f)	коза (ж)	[koˈza]
cabrón (m)	козел (ч)	[koˈzɛl]
asno (m)	осел (ч)	[oˈsɛl]
mulo (m)	мул (ч)	[mul]
cerdo (m)	свиня (ж)	[swiˈnʲa]
cerdito (m)	порося (с)	[poroˈsʲa]
conejo (m)	кріль (ч)	[krilʲ]
gallina (f)	курка (ж)	['kurka]
gallo (m)	півень (ч)	['piwɛnʲ]
pato (m)	качка (ж)	['katʃka]
ánade (m)	качур (ч)	['katʃur]
ganso (m)	гусак (ч)	[ɦuˈsak]
pavo (m)	індик (ч)	[inˈdik]
pava (f)	індичка (ж)	[inˈditʃka]
animales (m pl) domésticos	домашні тварини (мн)	[doˈmaʃni twaˈrini]
domesticado (adj)	ручний	[rutʃˈnij]
domesticar (vt)	приручати	[priruˈtʃati]
criar (vt)	вирощувати	[wiˈrɔɕuwati]
granja (f)	ферма (ж)	['fɛrma]
aves (f pl) de corral	свійські птахи (мн)	['swijsʲki ptaˈhi]
ganado (m)	худоба (ж)	[ɦuˈdɔba]
rebaño (m)	стадо (с)	['stado]
caballeriza (f)	конюшня (ж)	[koˈnʲuʃnʲa]
porqueriza (f)	свинарник (ч)	[swiˈnarnik]
vaquería (f)	корівник (ч)	[koˈriwnik]
conejal (m)	крільчатник (ч)	[krilʲˈtʃatnik]
gallinero (m)	курник (ч)	[kurˈnik]

90. Los pájaros

pájaro (m)	птах (ч)	[ptah]
paloma (f)	голуб (ч)	['ɦolub]
gorrión (m)	горобець (ч)	[ɦoro'bɛts]
carbonero (m)	синиця (ж)	[si'nitsʲa]
urraca (f)	сорока (ж)	[so'rɔka]
cuervo (m)	ворон (ч)	['wɔron]
corneja (f)	ворона (ж)	[wo'rɔna]
chova (f)	галка (ж)	['ɦalka]
grajo (m)	грак (ч)	[ɦrak]
pato (m)	качка (ж)	['katʃka]
ganso (m)	гусак (ч)	[ɦu'sak]
faisán (m)	фазан (ч)	[fa'zan]
águila (f)	орел (ч)	[o'rɛl]
azor (m)	яструб (ч)	['ʲastrub]
halcón (m)	сокіл (ч)	['sɔkil]
buitre (m)	гриф (ч)	[ɦrif]
cóndor (m)	кондор (ч)	['kɔndor]
cisne (m)	лебідь (ч)	['lɛbidʲ]
grulla (f)	журавель (ч)	[ʒura'wɛlʲ]
cigüeña (f)	чорногуз (ч)	[tʃorno'ɦuz]
loro (m), papagayo (m)	папуга (ч)	[pa'puɦa]
colibrí (m)	колібрі (ч)	[ko'libri]
pavo (m) real	пава (ж)	['pawa]
avestruz (m)	страус (ч)	['straus]
garza (f)	чапля (ж)	['tʃaplʲa]
flamenco (m)	фламінго (с)	[fla'minɦo]
pelícano (m)	пелікан (ч)	[pɛli'kan]
ruiseñor (m)	соловей (ч)	[solo'wɛj]
golondrina (f)	ластівка (ж)	['lastiwka]
tordo (m)	дрізд (ч)	[drizd]
zorzal (m)	співучий дрізд (ч)	[spi'wutʃij 'drizd]
mirlo (m)	чорний дрізд (ч)	['tʃornij 'drizd]
vencejo (m)	стриж (ч)	['striʒ]
alondra (f)	жайворонок (ч)	['ʒajworonok]
codorniz (f)	перепел (ч)	['pɛrɛpɛl]
pájaro carpintero (m)	дятел (ч)	['dʲatɛl]
cuco (m)	зозуля (ж)	[zo'zulʲa]
lechuza (f)	сова (ж)	[so'wa]
búho (m)	пугач (ч)	[pu'ɦatʃ]

urogallo (m)	глухар (ч)	[ɦluˈɦar]
gallo lira (m)	тетерук (ч)	[tɛtɛˈruk]
perdiz (f)	куріпка (ж)	[kuˈripka]

estornino (m)	шпак (ч)	[ʃpak]
canario (m)	канарка (ж)	[kaˈnarka]
ortega (f)	рябчик (ч)	[ˈrʲabtʃik]
pinzón (m)	зяблик (ч)	[ˈzʲablik]
camachuelo (m)	снігур (ч)	[sniˈɦur]

gaviota (f)	чайка (ж)	[ˈtʃajka]
albatros (m)	альбатрос (ч)	[alʲbatˈrɔs]
pingüino (m)	пінгвін (ч)	[pinɦˈwin]

91. Los peces. Los animales marinos

brema (f)	лящ (ч)	[lʲaɕ]
carpa (f)	короп (ч)	[ˈkɔrop]
perca (f)	окунь (ч)	[ˈɔkunʲ]
siluro (m)	сом (ч)	[som]
lucio (m)	щука (ж)	[ˈɕuka]

| salmón (m) | лосось (ч) | [loˈsɔsʲ] |
| esturión (m) | осетер (ч) | [osɛˈtɛr] |

arenque (m)	оселедець (ч)	[osɛˈlɛdɛts]
salmón (m) del Atlántico	сьомга (ж)	[ˈsʲomɦa]
caballa (f)	скумбрія (ж)	[ˈskumbriʲa]
lenguado (m)	камбала (ж)	[kambaˈla]

lucioperca (f)	судак (ч)	[suˈdak]
bacalao (m)	тріска (ж)	[trisˈka]
atún (m)	тунець (ч)	[tuˈnɛts]
trucha (f)	форель (ж)	[foˈrɛlʲ]

anguila (f)	вугор (ч)	[wuˈɦor]
raya (f) eléctrica	електричний скат (ч)	[ɛlɛktˈritʃnij skat]
morena (f)	мурена (ж)	[muˈrɛna]
piraña (f)	піранья (ж)	[piˈranʲa]

tiburón (m)	акула (ж)	[aˈkula]
delfín (m)	дельфін (ч)	[dɛlʲˈfin]
ballena (f)	кит (ч)	[kit]

centolla (f)	краб (ч)	[krab]
medusa (f)	медуза (ж)	[mɛˈduza]
pulpo (m)	восьминіг (ч)	[wosʲmiˈniɦ]

| estrella (f) de mar | морська зірка (ж) | [morsʲˈka ˈzirka] |
| erizo (m) de mar | морський їжак (ч) | [morsʲˈkij jiˈʒak] |

caballito (m) de mar	морський коник (ч)	[morsʲ'kij 'kɔnik]
ostra (f)	устриця (ж)	['ustritsʲa]
camarón (m)	креветка (ж)	[krɛ'wɛtka]
bogavante (m)	омар (ч)	[o'mar]
langosta (f)	лангуст (ч)	[lan'ɦust]

92. Los anfibios. Los reptiles

serpiente (f)	змія (ж)	[zmi'ʲa]
venenoso (adj)	отруйний	[ot'rujnij]
víbora (f)	гадюка (ж)	[ɦa'dʲuka]
cobra (f)	кобра (ж)	['kɔbra]
pitón (m)	пітон (ч)	[pi'tɔn]
boa (f)	удав (ч)	[u'daw]
culebra (f)	вуж (ч)	[wuʒ]
serpiente (m) de cascabel	гримуча змія (ж)	[ɦri'mutʃa zmi'ʲa]
anaconda (f)	анаконда (ж)	[ana'kɔnda]
lagarto (m)	ящірка (ж)	['ʲaɕirka]
iguana (f)	ігуана (ж)	[iɦu'ana]
varano (m)	варан (ч)	[wa'ran]
salamandra (f)	саламандра (ж)	[sala'mandra]
camaleón (m)	хамелеон (ч)	[hamɛlɛ'ɔn]
escorpión (m)	скорпіон (ч)	[skorpi'ɔn]
tortuga (f)	черепаха (ж)	[tʃɛrɛ'paha]
rana (f)	жабка (ж)	['ʒabka]
sapo (m)	жаба (ж)	['ʒaba]
cocodrilo (m)	крокодил (ч)	[kroko'dɨl]

93. Los insectos

insecto (m)	комаха (ж)	[ko'maha]
mariposa (f)	метелик (ч)	[mɛ'tɛlɨk]
hormiga (f)	мураха (ж)	[mu'raha]
mosca (f)	муха (ж)	['muha]
mosquito (m) (picadura de ~)	комар (ч)	[ko'mar]
escarabajo (m)	жук (ч)	[ʒuk]
avispa (f)	оса (ж)	[o'sa]
abeja (f)	бджола (ж)	[bdʒo'la]
abejorro (m)	джміль (ч)	[dʒmilʲ]
moscardón (m)	овід (ч)	['ɔwid]
araña (f)	павук (ч)	[pa'wuk]
telaraña (f)	павутиння (с)	[pawu'tinʲa]

libélula (f)	**бабка** (ж)	['babka]
saltamontes (m)	**коник** (ч)	['kɔnik]
mariposa (f) nocturna	**метелик** (ч)	[mɛ'tɛlik]
cucaracha (f)	**тарган** (ч)	[tar'ɦan]
garrapata (f)	**кліщ** (ч)	[kliɕ]
pulga (f)	**блоха** (ж)	['blɔha]
mosca (f) negra	**мошка** (ж)	['mɔʃka]
langosta (f)	**сарана** (ж)	[sara'na]
caracol (m)	**равлик** (ч)	['rawlik]
grillo (m)	**цвіркун** (ч)	[tswir'kun]
luciérnaga (f)	**світлячок** (ч)	[switlʲa'tʃɔk]
mariquita (f)	**сонечко** (c)	['sɔnɛtʃko]
sanjuanero (m)	**хрущ** (ч)	[hruɕ]
sanguijuela (f)	**п'явка** (ж)	['pʲawka]
oruga (f)	**гусениця** (ж)	['ɦusɛnitsʲa]
lombriz (m) de tierra	**черв'як** (ч)	[tʃɛr'wʲak]
larva (f)	**личинка** (ж)	[li'tʃinka]

T&P BOOKS

LA FLORA

T&P Books Publishing

árbol (m)	дерево (c)	['dɛrɛwo]
foliáceo (adj)	модринове	[mod'rinowɛ]
conífero (adj)	хвойне	['hwɔjnɛ]
de hoja perenne	вічнозелене	[witʃnozɛ'lɛnɛ]
manzano (m)	яблуня (ж)	['ʲablunʲa]
peral (m)	груша (ж)	['hruʃa]
cerezo (m)	черешня (ж)	[tʃɛ'rɛʃnʲa]
guindo (m)	вишня (ж)	['wiʃnʲa]
ciruelo (m)	слива (ж)	['sliwa]
abedul (m)	береза (ж)	[bɛ'rɛza]
roble (m)	дуб (ч)	[dub]
tilo (m)	липа (ж)	['lipa]
pobo (m)	осика (ж)	[o'sika]
arce (m)	клен (ч)	[klɛn]
pícea (f)	ялина (ж)	[ja'lina]
pino (m)	сосна (ж)	[sos'na]
alerce (m)	модрина (ж)	[mod'rina]
abeto (m)	ялиця (ж)	[ja'litsʲa]
cedro (m)	кедр (ч)	[kɛdr]
álamo (m)	тополя (ж)	[to'pɔlʲa]
serbal (m)	горобина (ж)	[horo'bina]
sauce (m)	верба (ж)	[wɛr'ba]
aliso (m)	вільха (ж)	['wilʲha]
haya (f)	бук (ч)	[buk]
olmo (m)	в'яз (ч)	[wʲʲaz]
fresno (m)	ясен (ч)	['ʲasɛn]
castaño (m)	каштан (ч)	[kaʃ'tan]
magnolia (f)	магнолія (ж)	[mah'nɔliʲa]
palmera (f)	пальма (ж)	['palʲma]
ciprés (m)	кипарис (ч)	[kipa'ris]
mangle (m)	мангрове дерево (c)	['manhrowɛ 'dɛrɛwo]
baobab (m)	баобаб (ч)	[bao'bab]
eucalipto (m)	евкаліпт (ч)	[ɛwka'lipt]
secoya (f)	секвоя (ж)	[sɛk'wɔʲa]

95. Los arbustos

mata (f)	кущ (ч)	[kuɕ]
arbusto (m)	кущі (мн)	[ku'ɕi]
vid (f)	виноград (ч)	[wino'ɦrad]
viñedo (m)	виноградник (ч)	[wino'ɦradnik]
frambueso (m)	малина (ж)	[ma'lina]
grosellero (m) rojo	порічки (мн)	[po'ritʃki]
grosellero (m) espinoso	аґрус (ч)	['agrus]
acacia (f)	акація (ж)	[a'katsiʲa]
berberís (m)	барбарис (ч)	[barba'ris]
jazmín (m)	жасмин (ч)	[ʒas'min]
enebro (m)	ялівець (ч)	[jali'wɛts]
rosal (m)	трояндовий кущ (ч)	[tro'ʲandowij kuɕ]
escaramujo (m)	шипшина (ж)	[ʃip'ʃina]

96. Las frutas. Las bayas

manzana (f)	яблуко (с)	['ʲabluko]
pera (f)	груша (ж)	['ɦruʃa]
ciruela (f)	слива (ж)	['sliwa]
fresa (f)	полуниця (ж)	[polu'nitsʲa]
guinda (f)	вишня (ж)	['wiʃnʲa]
cereza (f)	черешня (ж)	[tʃɛ'rɛʃnʲa]
uva (f)	виноград (ч)	[wino'ɦrad]
frambuesa (f)	малина (ж)	[ma'lina]
grosella (f) negra	чорна смородина (ж)	['tʃorna smo'rodina]
grosella (f) roja	порічки (мн)	[po'ritʃki]
grosella (f) espinosa	аґрус (ч)	['agrus]
arándano (m) agrio	журавлина (ж)	[ʒuraw'lina]
naranja (f)	апельсин (ч)	[apɛlʲ'sin]
mandarina (f)	мандарин (ч)	[manda'rin]
piña (f)	ананас (ч)	[ana'nas]
banana (f)	банан (ч)	[ba'nan]
dátil (m)	фінік (ч)	['finik]
limón (m)	лимон (ч)	[li'mɔn]
albaricoque (m)	абрикос (ч)	[abri'kɔs]
melocotón (m)	персик (ч)	['pɛrsik]
kiwi (m)	ківі (ч)	['kiwi]
toronja (f)	грейпфрут (ч)	[ɦrɛjp'frut]
baya (f)	ягода (ж)	['ʲaɦoda]

bayas (f pl)	ягоди (мн)	['¹aɦodi]
arándano (m) rojo	брусниця (ж)	[brus'nitsʲa]
fresa (f) silvestre	суниця (ж)	[su'nitsʲa]
arándano (m)	чорниця (ж)	[tʃor'nitsʲa]

97. Las flores. Las plantas

| flor (f) | квітка (ж) | ['kwitka] |
| ramo (m) de flores | букет (ч) | [bu'kɛt] |

rosa (f)	троянда (ж)	[tro'¹anda]
tulipán (m)	тюльпан (ч)	[tʲulʲ'pan]
clavel (m)	гвоздика (ж)	[ɦwoz'dika]
gladiolo (m)	гладіолус (ч)	[ɦladi'ɔlus]

aciano (m)	волошка (ж)	[wo'lɔʃka]
campanilla (f)	дзвіночок (ч)	[dzwi'notʃok]
diente (m) de león	кульбаба (ж)	[kulʲ'baba]
manzanilla (f)	ромашка (ж)	[ro'maʃka]

áloe (m)	алое (ч)	[a'lɔɛ]
cacto (m)	кактус (ч)	['kaktus]
ficus (m)	фікус (ч)	['fikus]

azucena (f)	лілея (ж)	[li'lɛʲa]
geranio (m)	герань (ж)	[ɦɛ'ranʲ]
jacinto (m)	гіацинт (ч)	[ɦia'tsint]

mimosa (f)	мімоза (ж)	[mi'mɔza]
narciso (m)	нарцис (ч)	[nar'tsis]
capuchina (f)	настурція (ж)	[nas'turtsiʲa]

orquídea (f)	орхідея (ж)	[orhi'dɛʲa]
peonía (f)	півонія (ж)	[pi'wɔniʲa]
violeta (f)	фіалка (ж)	[fi'alka]

trinitaria (f)	братки (мн)	[brat'ki]
nomeolvides (f)	незабудка (ж)	[nɛza'budka]
margarita (f)	стокротки (мн)	[stok'rɔtki]

amapola (f)	мак (ч)	[mak]
cáñamo (m)	коноплі (мн)	[ko'nɔpli]
menta (f)	м'ята (ж)	['mʲata]

| muguete (m) | конвалія (ж) | [kon'waliʲa] |
| campanilla (f) de las nieves | пролісок (ч) | ['prɔlisok] |

ortiga (f)	кропива (ж)	[kropi'wa]
acedera (f)	щавель (ч)	[ɕa'wɛlʲ]
nenúfar (m)	латаття (с)	[la'tattʲa]

| helecho (m) | папороть (ж) | ['paporotʲ] |
| liquen (m) | лишайник (ч) | [liˈʃajnik] |

invernadero (m) tropical	оранжерея (ж)	[oranʒɛˈrɛʲa]
césped (m)	газон (ч)	[ɦaˈzɔn]
macizo (m) de flores	клумба (ж)	['klumba]

planta (f)	рослина (ж)	[rosˈlina]
hierba (f)	трава (ж)	[traˈwa]
hoja (f) de hierba	травинка (ж)	[traˈwinka]

hoja (f)	листок (ч)	[lisˈtɔk]
pétalo (m)	пелюстка (ж)	[pɛˈlʲustka]
tallo (m)	стебло (с)	[stɛbˈlɔ]
tubérculo (m)	бульба (ж)	['bulʲba]

| retoño (m) | паросток (ч) | ['parostok] |
| espina (f) | колючка (ч) | [koˈlʲutʃka] |

florecer (vi)	цвісти	[tswisˈti]
marchitarse (vr)	в'янути	['wʲanuti]
olor (m)	запах (ч)	['zapah]
cortar (vt)	зрізати	['zrizati]
coger (una flor)	зірвати	[zirˈwati]

98. Los cereales, los granos

grano (m)	зерно (с)	[zɛrˈnɔ]
cereales (m pl) (plantas)	зернові рослини (мн)	[zɛrnoˈwi rosˈlini]
espiga (f)	колос (ч)	['kɔlos]

trigo (m)	пшениця (ж)	[pʃɛˈnitsʲa]
centeno (m)	жито (с)	['ʒito]
avena (f)	овес (ч)	[oˈwɛs]
mijo (m)	просо (с)	['prɔso]
cebada (f)	ячмінь (ч)	[jatʲˈminʲ]

maíz (m)	кукурудза (ж)	[kukuˈrudza]
arroz (m)	рис (ч)	[ris]
alforfón (m)	гречка (ж)	['ɦrɛtʃka]

guisante (m)	горох (ч)	[ɦoˈrɔh]
fréjol (m)	квасоля (ж)	[kwaˈsɔlʲa]
soya (f)	соя (ж)	['sɔʲa]
lenteja (f)	сочевиця (ж)	[sotʃɛˈwitsʲa]
habas (f pl)	боби (мн)	[boˈbi]

BOOKS

T&P

LOS PAÍSES

T&P Books Publishing

Afganistán (m)	Афганістан (ч)	[afhani'stan]
Albania (f)	Албанія (ж)	[al'baniʲa]
Alemania (f)	Німеччина (ж)	[ni'mɛtʃina]
Arabia (f) Saudita	Саудівська Аравія (ж)	[sa'udiwsʲka a'rawiʲa]
Argentina (f)	Аргентина (ж)	[arhɛn'tina]
Armenia (f)	Вірменія (ж)	[wir'mɛniʲa]
Australia (f)	Австралія (ж)	[aw'straliʲa]
Austria (f)	Австрія (ж)	['awstriʲa]
Azerbaiyán (m)	Азербайджан (ч)	[azɛrbaj'dʒan]
Bangladesh (m)	Бангладеш (ч)	[banhla'dɛʃ]
Bélgica (f)	Бельгія (ж)	['bɛlʲhiʲa]
Bielorrusia (f)	Білорусь (ж)	[bilo'rusʲ]
Bolivia (f)	Болівія (ж)	[bo'liwiʲa]
Bosnia y Herzegovina	Боснія	['bosniʲa
	і Герцеговина (ж)	і hɛrtsɛɦo'wina]
Brasil (m)	Бразилія (ж)	[bra'ziliʲa]
Bulgaria (f)	Болгарія (ж)	[bol'hariʲa]
Camboya (f)	Камбоджа (ж)	[kam'bɔdʒa]
Canadá (f)	Канада (ж)	[ka'nada]
Chequia (f)	Чехія (ж)	['tʃɛhiʲa]
Chile (m)	Чилі (ж)	['tʃili]
China (f)	Китай (ч)	[ki'taj]
Chipre (m)	Кіпр (ж)	[kipr]
Colombia (f)	Колумбія (ж)	[ko'lumbiʲa]
Corea (f) del Norte	Північна Корея (ж)	[piw'nitʃna ko'rɛʲa]
Corea (f) del Sur	Південна Корея (ж)	[piw'dɛna ko'rɛʲa]
Croacia (f)	Хорватія (ж)	[hor'watiʲa]
Cuba (f)	Куба (ж)	['kuba]
Dinamarca (f)	Данія (ж)	['daniʲa]
Ecuador (m)	Еквадор (ч)	[ɛkwa'dɔr]
Egipto (m)	Єгипет (ч)	[ɛ'ɦipɛt]
Emiratos (m pl) Árabes Unidos	Об'єднані Арабські емірати (мн)	[o'b'ɛdnani a'rabsʲki ɛmi'rati]
Escocia (f)	Шотландія (ж)	[ʃot'landiʲa]
Eslovaquia (f)	Словаччина (ж)	[slo'watʃina]
Eslovenia	Словенія (ж)	[slo'wɛniʲa]
España (f)	Іспанія (ж)	[ispaniʲa]
Estados Unidos de América	Сполучені Штати Америки (мн)	[spo'lutʃɛni 'ʃtati a'mɛriki]
Estonia (f)	Естонія (ж)	[ɛs'tɔniʲa]
Finlandia (f)	Фінляндія (ж)	[fin'lʲandiʲa]
Francia (f)	Франція (ж)	['frantsiʲa]

100. Los países. Unidad 2

Georgia (f)	Грузія (ж)	['ɦruziˡa]
Ghana (f)	Гана (ж)	['ɦana]
Gran Bretaña (f)	Великобританія (ж)	[wɛlikobri'taniˡa]
Grecia (f)	Греція (ж)	['ɦrɛtsiˡa]
Haití (m)	Гаїті (ч)	[ɦa'jiti]
Hungría (f)	Угорщина (ж)	[u'ɦɔrçina]

India (f)	Індія (ж)	['indiˡa]
Indonesia (f)	Індонезія (ж)	[indo'nɛziˡa]
Inglaterra (f)	Англія (ж)	['anɦliˡa]
Irak (m)	Ірак (ч)	[i'rak]
Irán (m)	Іран (ч)	[i'ran]
Irlanda (f)	Ірландія (ж)	[ir'landiˡa]
Islandia (f)	Ісландія (ж)	[is'landiˡa]
Islas (f pl) Bahamas	Багамські острови (мн)	[ba'ɦamsˡki ostro'wi]

| Israel (m) | Ізраїль (ч) | [iz'rajiˡlˡ] |
| Italia (f) | Італія (ж) | [i'taliˡa] |

Jamaica (f)	Ямайка (ж)	[ja'majka]
Japón (m)	Японія (ж)	[ja'poniˡa]
Jordania (f)	Йорданія (ж)	[ˡor'daniˡa]

| Kazajstán (m) | Казахстан (ч) | [kazah'stan] |
| Kenia (f) | Кенія (ж) | ['kɛniˡa] |

| Kirguizistán (m) | Киргизстан (ч) | [kirɦiz'stan] |
| Kuwait (m) | Кувейт (ч) | [ku'wɛjt] |

Laos (m)	Лаос (ч)	[la'ɔs]
Letonia (f)	Латвія (ж)	['latwiˡa]
Líbano (m)	Ліван (ч)	[li'wan]
Libia (f)	Лівія (ж)	['liwiˡa]
Liechtenstein (m)	Ліхтенштейн (ч)	[lihtɛn'ʃtɛjn]

| Lituania (f) | Литва (ж) | [lɨt'wa] |
| Luxemburgo (m) | Люксембург (ч) | [lˡuksɛm'burɦ] |

Macedonia	Македонія (ж)	[makɛ'dɔniˡa]
Madagascar (m)	Мадагаскар (ч)	[madaɦa'skar]
Malasia (f)	Малайзія (ж)	[ma'lajziˡa]
Malta (f)	Мальта (ж)	['malˡta]
Marruecos (m)	Марокко (с)	[ma'rɔkko]
Méjico (m)	Мексика (ж)	['mɛksika]
Moldavia (f)	Молдова (ж)	[mol'dɔwa]
Mónaco (m)	Монако (с)	[mo'nako]
Mongolia (f)	Монголія (ж)	[mon'ɦɔliˡa]
Montenegro (m)	Чорногорія (ж)	[ʧorno'ɦɔriˡa]
Myanmar (m)	М'янма (ж)	['mˡanma]

101. Los países. Unidad 3

Namibia (f)	**Намібія** (ж)	[na'mibiʲa]
Nepal (m)	**Непал** (ч)	[nɛ'pal]
Noruega (f)	**Норвегія** (ж)	[nor'wɛɦiʲa]
Nueva Zelanda (f)	**Нова Зеландія** (ж)	[no'wa zɛ'landiʲa]
Países Bajos (m pl)	**Нідерланди** (ж)	[nidɛr'landi]
Pakistán (m)	**Пакистан** (ч)	[paki'stan]
Palestina (f)	**Палестинська автономія** (ж)	[palɛ'stinsʲka awto'nɔmiʲa]
Panamá (f)	**Панама** (ж)	[pa'nama]
Paraguay (m)	**Парагвай** (ч)	[paraɦ'waj]
Perú (m)	**Перу** (ж)	[pɛ'ru]
Polinesia (f) Francesa	**Французька Полінезія** (ж)	[fran'ʦuzʲka poli'nɛziʲa]
Polonia (f)	**Польща** (ж)	['polʲɕa]
Portugal (m)	**Португалія** (ж)	[portu'ɦaliʲa]
República (f) Dominicana	**Домініканська республіка** (ж)	[domini'kansʲka rɛs'publika]
República (f) Sudafricana	**Південно-Африканська Республіка** (ж)	[piw'dɛno afri'kansʲka rɛs'publika]
Rumania (f)	**Румунія** (ж)	[ru'muniʲa]
Rusia (f)	**Росія** (ж)	[ro'siʲa]
Senegal (m)	**Сенегал** (ч)	[sɛnɛ'ɦal]
Serbia (f)	**Сербія** (ж)	['sɛrbiʲa]
Siria (f)	**Сирія** (ж)	['siriʲa]
Suecia (f)	**Швеція** (ж)	['ʃwɛʦiʲa]
Suiza (f)	**Швейцарія** (ж)	[ʃwɛj'ʦariʲa]
Surinam (m)	**Суринам** (ч)	[suri'nam]
Tayikistán (m)	**Таджикистан** (ч)	[tadʒiki'stan]
Tailandia (f)	**Таїланд** (ч)	[taji'land]
Taiwán (m)	**Тайвань** (ч)	[taj'wanʲ]
Tanzania (f)	**Танзанія** (ж)	[tan'zaniʲa]
Tasmania (f)	**Тасманія** (ж)	[tas'maniʲa]
Túnez (m)	**Туніс** (ч)	[tu'nis]
Turkmenistán (m)	**Туркменістан** (ч)	[turkmɛni'stan]
Turquía (f)	**Туреччина** (ж)	[tu'rɛʧina]
Ucrania (f)	**Україна** (ж)	[ukra'jina]
Uruguay (m)	**Уругвай** (ч)	[uruɦ'waj]
Uzbekistán (m)	**Узбекистан** (ч)	[uzbɛki'stan]
Vaticano (m)	**Ватикан** (ч)	[wati'kan]
Venezuela (f)	**Венесуела** (ж)	[wɛnɛsu'ɛla]
Vietnam (m)	**В'єтнам** (ч)	[w'ɛt'nam]
Zanzíbar (m)	**Занзібар** (ч)	[zanzi'bar]

GLOSARIO GASTRONÓMICO

Esta sección contiene una
gran cantidad de palabras y
términos asociados con la
comida. Este diccionario le hará
más fácil la comprensión
del menú de un restaurante y
la elección del plato adecuado

T&P Books Publishing

Español-Ucraniano glosario gastronómico

¡Que aproveche!	Смачного!	[smatʃ'nɔɦo]
abrebotellas (m)	відкривачка (ж)	[widkri'watʃka]
abrelatas (m)	відкривачка (ж)	[widkri'watʃka]
aceite (m) de girasol	соняшникова олія (ж)	['sɔniaʃnikowa o'liia]
aceite (m) de oliva	олія (ж) оливкова	[o'liia o'liwkowa]
aceite (m) vegetal	олія (ж) рослинна	[o'liia ros'lina]
agua (f)	вода (ж)	[wo'da]
agua (f) mineral	мінеральна вода (ж)	[minɛ'ralina wo'da]
agua (f) potable	питна вода (ж)	[pit'na wo'da]
aguacate (m)	авокадо (с)	[awo'kado]
ahumado (adj)	копчений	[kop'tʃɛnij]
ajo (m)	часник (ч)	[tʃas'nik]
albahaca (f)	базилік (ч)	[bazi'lik]
albaricoque (m)	абрикос (ч)	[abri'kɔs]
alcachofa (f)	артишок (ч)	[arti'ʃok]
alforfón (m)	гречка (ж)	['ɦrɛtʃka]
almendra (f)	мигдаль (ч)	[miɦ'dali]
almuerzo (m)	обід (ч)	[o'bid]
amargo (adj)	гіркий	[ɦir'kij]
anís (m)	аніс (ч)	['anis]
anguila (f)	вугор (ч)	[wu'ɦor]
aperitivo (m)	аперитив (ч)	[apɛri'tiw]
apetito (m)	апетит (ч)	[apɛ'tit]
apio (m)	селера (ж)	[sɛ'lɛra]
arándano (m)	чорниця (ж)	[tʃor'nitsia]
arándano (m) agrio	журавлина (ж)	[ʒuraw'lina]
arándano (m) rojo	брусниця (ж)	[brus'nitsia]
arenque (m)	оселедець (ч)	[osɛ'lɛdɛts]
arroz (m)	рис (ч)	[ris]
atún (m)	тунець (ч)	[tu'nɛts]
avellana (f)	ліщина (ж)	[li'çina]
avena (f)	овес (ч)	[o'wɛs]
azúcar (m)	цукор (ч)	['tsukor]
azafrán (m)	шафран (ч)	[ʃaf'ran]
azucarado, dulce (adj)	солодкий	[so'lɔdkij]
bacalao (m)	тріска (ж)	[tris'ka]
banana (f)	банан (ч)	[ba'nan]
bar (m)	бар (ч)	[bar]
barman (m)	бармен (ч)	[bar'mɛn]
batido (m)	молочний коктейль (ч)	[mo'lɔtʃnij kok'tɛjli]
baya (f)	ягода (ж)	['iaɦoda]
bayas (f pl)	ягоди (мн)	['iaɦodi]
bebida (f) sin alcohol	безалкогольний напій (ч)	[bɛzalko'ɦolinij na'pij]

bebidas (f pl) alcohólicas	алкогольні напої (мн)	[alko'ɦɔlʲni na'pɔjɨ]
beicon (m)	бекон (ч)	[bɛ'kɔn]
berenjena (f)	баклажан (ч)	[bakla'ʒan]
bistec (m)	біфштекс (ч)	[bifʲ'ʃtɛks]
bocadillo (m)	канапка (ж)	[ka'napka]
boleto (m) áspero	підберезник (ч)	[pidbɛ'rɛznik]
boleto (m) castaño	підосичник (ч)	[pido'sitʃnik]
brócoli (m)	капуста броколі (ж)	[ka'pusta 'brɔkoli]
brema (f)	лящ (ч)	[lʲaɕ]
cóctel (m)	коктейль (ч)	[kok'tɛjlʲ]
caballa (f)	скумбрія (ж)	['skumbriʲa]
cacahuete (m)	арахіс (ч)	[a'rahis]
café (m)	кава (ж)	['kawa]
café (m) con leche	кава (ж) з молоком	['kawa z molo'kɔm]
café (m) solo	чорна кава (ж)	['tʃɔrna 'kawa]
café (m) soluble	розчинна кава (ж)	[roz'tʃina 'kawa]
calabacín (m)	кабачок (ч)	[kaba'tʃɔk]
calabaza (f)	гарбуз (ч)	[ɦar'buz]
calamar (m)	кальмар (ч)	[kalʲ'mar]
caldo (m)	бульйон (ч)	[bulʲon]
caliente (adj)	гарячий	[ɦa'rʲatʃij]
caloría (f)	калорія (ж)	[ka'lɔriʲa]
camarón (m)	креветка (ж)	[krɛ'wɛtka]
camarera (f)	офіціантка (ж)	[ofitsi'antka]
camarero (m)	офіціант (ч)	[ofitsi'ant]
canela (f)	кориця (ж)	[ko'ritsʲa]
cangrejo (m) de mar	краб (ч)	[krab]
capuchino (m)	кава (ж) з вершками	['kawa z wɛrʃ'kami]
caramelo (m)	цукерка (ж)	[ʦu'kɛrka]
carbohidratos (m pl)	вуглеводи (ч)	[wuɦlɛ'wɔdi]
carne (f)	м'ясо (с)	['mʲʲaso]
carne (f) de carnero	баранина (ж)	[ba'ranina]
carne (f) de cerdo	свинина (ж)	[swi'nina]
carne (f) de ternera	телятина (ж)	[tɛ'lʲatina]
carne (f) de vaca	яловичина (ж)	[ʲalowitʃina]
carne (f) picada	фарш (ч)	[farʃ]
carpa (f)	короп (ч)	['kɔrop]
carta (f) de vinos	карта (ж) вин	['karta win]
carta (f), menú (m)	меню (с)	[mɛ'nʲu]
caviar (m)	ікра (ж)	[ik'ra]
caza (f) menor	дичина (ж)	[ditʃi'na]
cebada (f)	ячмінь (ч)	[jatʃ'minʲ]
cebolla (f)	цибуля (ж)	[ʦi'bulʲa]
cena (f)	вечеря (ж)	[wɛ'tʃɛrʲa]
centeno (m)	жито (с)	['ʒito]
cereales (m pl)	зернові рослини (мн)	[zɛrno'wi ros'lini]
cereales (m pl) integrales	крупа (ж)	['krupa]
cereza (f)	черешня (ж)	[tʃɛ'rɛʃnʲa]
cerveza (f)	пиво (с)	['piwo]
cerveza (f) negra	темне пиво (с)	['tɛmnɛ 'piwo]
cerveza (f) rubia	світле пиво (с)	['switlɛ 'piwo]
champaña (f)	шампанське (с)	[ʃam'pansʲkɛ]

chicle (m)	жувальна гумка (ж)	[ʒuˈwalʲna ˈɦumka]
chocolate (m)	шоколад (ч)	[ʃokoˈlad]
cilantro (m)	коріандр (ч)	[koriˈandr]
ciruela (f)	слива (ж)	[ˈsliwa]
clara (f)	білок (ч)	[biˈlɔk]
clavo (m)	гвоздика (ж)	[ɦwozˈdika]
coñac (m)	коньяк (ч)	[koˈnʲak]
cocido en agua (adj)	варений	[waˈrɛnij]
cocina (f)	кухня (ж)	[ˈkuhnʲa]
col (f)	капуста (ж)	[kaˈpusta]
col (f) de Bruselas	брюссельська капуста (ж)	[brʲuˈsɛlʲsʲka kaˈpusta]
coliflor (f)	кольорова капуста (ж)	[kolʲoˈrɔwa kaˈpusta]
colmenilla (f)	зморшок (ч)	[ˈzmɔrʃok]
comida (f)	їжа (ж)	[ˈjiʒa]
comino (m)	кмин (ч)	[kmin]
con gas	з газом	[z ˈɦazom]
con hielo	з льодом	[z lʲodom]
condimento (m)	приправа (ж)	[pripˈrawa]
conejo (m)	кріль (ч)	[krilʲ]
confitura (f)	джем (ч)	[dʒɛm]
confitura (f)	варення (с)	[waˈrɛnʲa]
congelado (adj)	заморожений	[zamoˈrɔʒɛnij]
conservas (f pl)	консерви (мн)	[konˈsɛrwi]
copa (f) de vino	келих (ч)	[ˈkɛlih]
copos (m pl) de maíz	кукурудзяні пластівці (мн)	[kukuˈrudzʲani plastiwˈtsi]
crema (f) de mantequilla	крем (ч)	[krɛm]
cuchara (f)	ложка (ж)	[ˈlɔʒka]
cuchara (f) de sopa	столова ложка (ж)	[stoˈlowa ˈlɔʒka]
cucharilla (f)	чайна ложка (ж)	[ˈtʃajna ˈlɔʒka]
cuchillo (m)	ніж (ч)	[niʒ]
cuenta (f)	рахунок (ч)	[raˈhunok]
dátil (m)	фінік (ч)	[ˈfinik]
de chocolate (adj)	шоколадний	[ʃokoˈladnij]
desayuno (m)	сніданок (ч)	[sniˈdanok]
dieta (f)	дієта (ж)	[diˈɛta]
eneldo (m)	кріп (ч)	[krip]
ensalada (f)	салат (ч)	[saˈlat]
entremés (m)	закуска (ж)	[zaˈkuska]
espárrago (m)	спаржа (ж)	[ˈsparʒa]
espagueti (m)	спагеті (мн)	[spaˈɦɛti]
especia (f)	прянощі (мн)	[prʲaˈnɔɕi]
espiga (f)	колос (ч)	[ˈkɔlos]
espinaca (f)	шпинат (ч)	[ʃpiˈnat]
esturión (m)	осетрина (ж)	[osɛtˈrina]
fletán (m)	палтус (ч)	[ˈpaltus]
fréjol (m)	квасоля (ж)	[kwaˈsɔlʲa]
frío (adj)	холодний	[hoˈlɔdnij]
frambuesa (f)	малина (ж)	[maˈlina]
fresa (f)	полуниця (ж)	[poluˈnitsʲa]
fresa (f) silvestre	суниця (ж)	[suˈnitsʲa]

frito (adj)	смажений	['smaʒɛnij]
fruto (m)	фрукт (ч)	[frukt]
gachas (f pl)	каша (ж)	['kaʃa]
galletas (f pl)	печиво (с)	['pɛtʃiwo]
gallina (f)	курка (ж)	['kurka]
ganso (m)	гусак (ч)	[ɦu'sak]
gaseoso (adj)	газований	[ɦa'zɔwanij]
ginebra (f)	джин (ч)	[dʒin]
gofre (m)	вафлі (мн)	['wafli]
granada (f)	гранат (ч)	[ɦra'nat]
grano (m)	зерно (с)	[zɛr'nɔ]
grasas (f pl)	жири (мн)	[ʒi'ri]
grosella (f) espinosa	аґрус (ч)	['agrus]
grosella (f) negra	чорна смородина (ж)	['tʃɔrna smo'rɔdina]
grosella (f) roja	порічки (мн)	[po'ritʃki]
guarnición (f)	гарнір (ч)	[ɦar'nir]
guinda (f)	вишня (ж)	['wiʃnʲa]
guisante (m)	горох (ч)	[ɦo'rɔh]
hígado (m)	печінка (ж)	[pɛ'tʃinka]
habas (f pl)	боби (мн)	[bo'bi]
hamburguesa (f)	гамбургер (ч)	['ɦamburɦɛr]
harina (f)	борошно (с)	['bɔroʃno]
helado (m)	морозиво (с)	[mo'rɔziwo]
hielo (m)	лід (ч)	[lid]
higo (m)	інжир (ч)	[in'ʒir]
hoja (f) de laurel	лавровий лист (ч)	[law'rɔwij list]
huevo (m)	яйце (с)	[jaj'tsɛ]
huevos (m pl)	яйця (мн)	['ʲajtsʲa]
huevos (m pl) fritos	яєчня (ж)	[ja'ɛʃnʲa]
jamón (m)	шинка (ж)	['ʃinka]
jamón (m) fresco	окіст (ч)	['ɔkist]
jengibre (m)	імбир (ч)	[im'bir]
jugo (m) de tomate	томатний сік (ч)	[to'matnij 'sik]
kiwi (m)	ківі (ч)	['kiwi]
langosta (f)	лангуст (ч)	[lan'ɦust]
leche (f)	молоко (с)	[molo'kɔ]
leche (f) condensada	згущене молоко (с)	['zɦuɕɛnɛ molo'kɔ]
lechuga (f)	салат (ч)	[sa'lat]
legumbres (f pl)	овочі (мн)	['ɔwotʃi]
lengua (f)	язик (ч)	[ja'zik]
lenguado (m)	камбала (ж)	[kamba'la]
lenteja (f)	сочевиця (ж)	[sotʃɛ'witsʲa]
licor (m)	лікер (ч)	[li'kɛr]
limón (m)	лимон (ч)	[li'mɔn]
limonada (f)	лимонад (ч)	[limo'nad]
loncha (f)	скибка (ж)	['skibka]
lucio (m)	щука (ж)	['ɕuka]
lucioperca (f)	судак (ч)	[su'dak]
maíz (m)	кукурудза (ж)	[kuku'rudza]
maíz (m)	кукурудза (ж)	[kuku'rudza]
macarrones (m pl)	макарони (мн)	[maka'rɔni]
mandarina (f)	мандарин (ч)	[manda'rin]

mango (m)	манго (с)	['manɦo]
mantequilla (f)	вершкове масло (с)	[wɛrʃkɔwɛ 'maslo]
manzana (f)	яблуко (с)	['iabluko]
margarina (f)	маргарин (ч)	[marɦa'rin]
marinado (adj)	маринований	[mari'nɔwanij]
mariscos (m pl)	морепродукти (мн)	[morɛpro'dukti]
matamoscas (m)	мухомор (ч)	[muho'mɔr]
mayonesa (f)	майонез (ч)	[maio'nɛz]
melón (m)	диня (ж)	['dinia]
melocotón (m)	персик (ч)	['pɛrsik]
mermelada (f)	мармелад (ч)	[marmɛ'lad]
miel (f)	мед (ч)	[mɛd]
miga (f)	крихта (ж)	['krihta]
mijo (m)	просо (с)	['prɔso]
mini tarta (f)	тістечко (с)	['tistɛtʃko]
mondadientes (m)	зубочистка (ж)	[zubo'tʃistka]
mostaza (f)	гірчиця (ж)	[ɦir'tʃitsia]
nabo (m)	ріпа (ж)	['ripa]
naranja (f)	апельсин (ч)	[apɛliˈsin]
nata (f) agria	сметана (ж)	[smɛ'tana]
nata (f) líquida	вершки (мн)	[wɛrʃki]
nuez (f)	горіх (ч) волоський	[ɦo'rih wo'lɔsikij]
nuez (f) de coco	горіх (ч) кокосовий	[ɦo'rih ko'kɔsowij]
olivas, aceitunas (f pl)	оливки (мн)	[o'liwki]
oronja (f) verde	поганка (ж)	[po'ɦanka]
ostra (f)	устриця (ж)	['ustritsia]
pan (m)	хліб (ч)	[hlib]
papaya (f)	папайя (ж)	[pa'paia]
paprika (f)	паприка (ж)	['paprika]
pasas (f pl)	родзинки (мн)	[ro'dzinki]
pasteles (m pl)	кондитерські вироби (мн)	[kon'ditɛrsiki 'wirobi]
paté (m)	паштет (ч)	[paʃ'tɛt]
patata (f)	картопля (ж)	[kar'tɔplia]
pato (m)	качка (ж)	['katʃka]
pava (f)	індичка (ж)	[in'ditʃka]
pedazo (m)	шматок (ч)	[ʃma'tɔk]
pepino (m)	огірок (ч)	[oɦi'rɔk]
pera (f)	груша (ж)	['ɦruʃa]
perca (f)	окунь (ч)	['ɔkuni]
perejil (m)	петрушка (ж)	[pɛt'ruʃka]
pescado (m)	риба (ж)	['riba]
piña (f)	ананас (ч)	[ana'nas]
piel (f)	шкірка (ж)	['ʃkirka]
pimienta (f) negra	чорний перець (ч)	['tʃɔrnij 'pɛrɛts]
pimienta (f) roja	червоний перець (ч)	[tʃɛr'wɔnij 'pɛrɛts]
pimiento (m) dulce	перець (ч)	['pɛrɛts]
pistachos (m pl)	фісташки (мн)	[fis'taʃki]
pizza (f)	піца (ж)	['pitsa]
platillo (m)	блюдце (с)	['bliudtsɛ]
plato (m)	страва (ж)	['strawa]
plato (m)	тарілка (ж)	[ta'rilka]

pomelo (m)	грейпфрут (ч)	[ɦrɛjp'frut]
porción (f)	порція (ж)	['portsiɐ]
postre (m)	десерт (ч)	[dɛ'sɛrt]
propina (f)	чайові (мн)	[tʃaɪo'wi]
proteínas (f pl)	білки (мн)	[bil'kɨ]
puré (m) de patatas	картопляне пюре (с)	[kartop'lʲanɛ pʲu'rɛ]
queso (m)	сир (ч)	[sɨr]
rábano (m)	редька (ж)	['rɛdʲka]
rábano (m) picante	хрін (ч)	[hrin]
rúsula (f)	сироїжка (ж)	[sɨro'jiʒka]
rebozuelo (m)	лисичка (ж)	[lɨ'sɨtʃka]
receta (f)	рецепт (ч)	[rɛ'tsɛpt]
refresco (m)	прохолодній напій (ч)	[proɦo'lɔdnij na'pij]
regusto (m)	присмак (ч)	['prɨsmak]
relleno (m)	начинка (ж)	[na'tʃɨnka]
remolacha (f)	буряк (ч)	[bu'rʲak]
ron (m)	ром (ч)	[rom]
sésamo (m)	кунжут (ч)	[kun'ʒut]
sabor (m)	смак (ч)	[smak]
sabroso (adj)	смачний	[smatʃ'nɨj]
sacacorchos (m)	штопор (ч)	['ʃtopor]
sal (f)	сіль (ж)	[silʲ]
salado (adj)	солоний	[so'lɔnɨj]
salchichón (m)	ковбаса (ж)	[kowba'sa]
salchicha (f)	сосиска (ж)	[so'sɨska]
salmón (m)	лосось (ч)	[lo'sɔsʲ]
salmón (m) del Atlántico	сьомга (ж)	['sʲomɦa]
salsa (f)	соус (ч)	['sɔus]
sandía (f)	кавун (ч)	[ka'wun]
sardina (f)	сардина (ж)	[sar'dɨna]
seco (adj)	сушений	['suʃɛnɨj]
seta (f)	гриб (ч)	[ɦrib]
seta (f) comestible	їстівний гриб (ч)	[jis'tiwnɨj ɦrib]
seta (f) venenosa	отруйний гриб (ч)	[ot'rujnɨj ɦrib]
seta calabaza (f)	білий гриб (ч)	['bilɨj 'ɦrib]
siluro (m)	сом (ч)	[som]
sin alcohol	безалкогольний	[bɛzalko'ɦɔlʲnɨj]
sin gas	без газу	[bɛz 'ɦazu]
sopa (f)	юшка (ж)	['ʲuʃka]
soya (f)	соя (ж)	['sɔɪa]
té (m)	чай (ч)	[tʃaj]
té (m) negro	чорний чай (ч)	['tʃɔrnɨj tʃaj]
té (m) verde	зелений чай (ч)	[zɛ'lɛnɨj tʃaj]
tallarines (m pl)	локшина (ж)	[lokʃɨ'na]
tarta (f)	торт (ч)	[tort]
tarta (f)	пиріг (ч)	[pɨ'riɦ]
taza (f)	чашка (ж)	['tʃaʃka]
tenedor (m)	виделка (ж)	[wɨ'dɛlka]
tiburón (m)	акула (ж)	[a'kula]
tomate (m)	помідор (ч)	[pomi'dɔr]
tortilla (f) francesa	омлет (ч)	[om'lɛt]
trigo (m)	пшениця (ж)	[pʃɛ'nɨtsɐ]

trucha (f)	**форель** (ж)	[fo'rɛlʲ]
uva (f)	**виноград** (ч)	[wino'ɦrad]
vaso (m)	**склянка** (ж)	['sklʲanka]
vegetariano (adj)	**вегетаріанський**	[wɛɦɛtari'ansʲkij]
vegetariano (m)	**вегетаріанець** (ч)	[wɛɦɛtari'anɛts]
verduras (f pl)	**зелень** (ж)	['zɛlɛnʲ]
vermú (m)	**вермут** (ч)	['wɛrmut]
vinagre (m)	**оцет** (ч)	['ɔtsɛt]
vino (m)	**вино** (c)	[wi'nɔ]
vino (m) blanco	**біле вино** (c)	['bilɛ wi'nɔ]
vino (m) tinto	**червоне вино** (c)	[t͡ʃɛr'wɔnɛ wi'nɔ]
vitamina (f)	**вітамін** (ч)	[wita'min]
vodka (m)	**горілка** (ж)	[ɦo'rilka]
whisky (m)	**віскі** (c)	['wiski]
yema (f)	**жовток** (ч)	[ʒow'tɔk]
yogur (m)	**йогурт** (ч)	['jɔɦurt]
zanahoria (f)	**морква** (ж)	['mɔrkwa]
zarzamoras (f pl)	**ожина** (ж)	[o'ʒina]
zumo (m) de naranja	**апельсиновий сік** (ч)	[apɛlʲ'sinowij sik]
zumo (m) fresco	**свіжовижатий сік** (ч)	[s̪wiʒo'wiʒatij sik]
zumo (m), jugo (m)	**сік** (ч)	[sik]

абрикос (ч)	[abri'kɔs]	albaricoque (m)
авокадо (с)	[awo'kado]	aguacate (m)
аґрус (ч)	['agrus]	grosella (f) espinosa
акула (ж)	[a'kula]	tiburón (m)
алкогольні напої (мн)	[alko'ɦɔlʲni na'pɔji]	bebidas (f pl) alcohólicas
ананас (ч)	[ana'nas]	piña (f)
аніс (ч)	['anis]	anís (m)
апельсин (ч)	[apɛlʲ'sin]	naranja (f)
апельсиновий сік (ч)	[apɛlʲ'sinowij sik]	zumo (m) de naranja
аперитив (ч)	[apɛri'tiw]	aperitivo (m)
апетит (ч)	[apɛ'tit]	apetito (m)
арахіс (ч)	[a'rahis]	cacahuete (m)
артишок (ч)	[arti'ʃɔk]	alcachofa (f)
базилік (ч)	[bazi'lik]	albahaca (f)
баклажан (ч)	[bakla'ʒan]	berenjena (f)
банан (ч)	[ba'nan]	banana (f)
бар (ч)	[bar]	bar (m)
баранина (ж)	[ba'ranina]	carne (f) de carnero
бармен (ч)	[bar'mɛn]	barman (m)
без газу	[bɛz 'ɦazu]	sin gas
безалкогольний	[bɛzalko'ɦɔlʲnij]	sin alcohol
безалкогольний напій (ч)	[bɛzalko'ɦɔlʲnij na'pij]	bebida (f) sin alcohol
бекон (ч)	[bɛ'kɔn]	beicon (m)
біле вино (с)	['bilɛ wi'nɔ]	vino (m) blanco
білий гриб (ч)	['bilij 'ɦrib]	seta calabaza (f)
білки (мн)	[bil'ki]	proteínas (f pl)
білок (ч)	[bi'lɔk]	clara (f)
біфштекс (ч)	[bif'ʃtɛks]	bistec (m)
блюдце (с)	['blʲudtsɛ]	platillo (m)
боби (мн)	[bo'bi]	habas (f pl)
борошно (с)	['bɔroʃno]	harina (f)
брусниця (ж)	[brus'nitsʲa]	arándano (m) rojo
брюссельська капуста (ж)	[brʲu'sɛlʲsʲka ka'pusta]	col (f) de Bruselas
бульйон (ч)	[bulʲon]	caldo (m)
буряк (ч)	[bu'rʲak]	remolacha (f)
варений	[wa'rɛnij]	cocido en agua (adj)
варення (с)	[wa'rɛnʲa]	confitura (f)
вафлі (мн)	['waflі]	gofre (m)
вегетаріанець (ч)	[wɛɦɛtari'anɛts]	vegetariano (m)
вегетаріанський	[wɛɦɛtari'ansʲkij]	vegetariano (adj)
вермут (ч)	['wɛrmut]	vermú (m)
вершки (мн)	[wɛrʃ'ki]	nata (f) líquida

вершкове масло (с)	[wɛrʃˈkɔwɛ ˈmaslo]	mantequilla (f)
вечеря (ж)	[wɛˈtʃɛrʲa]	cena (f)
виделка (ж)	[wiˈdɛlka]	tenedor (m)
вино (с)	[wiˈnɔ]	vino (m)
виноград (ч)	[winoˈɦrad]	uva (f)
вишня (ж)	[ˈwiʃnʲa]	guinda (f)
відкривачка (ж)	[widkriˈwatʃka]	abrebotellas (m)
відкривачка (ж)	[widkriˈwatʃka]	abrelatas (m)
віскі (с)	[ˈwiski]	whisky (m)
вітамін (ч)	[witaˈmin]	vitamina (f)
вода (ж)	[woˈda]	agua (f)
вуглеводи (ч)	[wuɦlɛˈwodɨ]	carbohidratos (m pl)
вугор (ч)	[wuˈɦɔr]	anguila (f)
газований	[ɦaˈzowanij]	gaseoso (adj)
гамбургер (ч)	[ˈɦamburɦɛr]	hamburguesa (f)
гарбуз (ч)	[ɦarˈbuz]	calabaza (f)
гарнір (ч)	[ɦarˈnir]	guarnición (f)
гарячий	[ɦaˈrʲatʃij]	caliente (adj)
гвоздика (ж)	[ɦwozˈdika]	clavo (m)
гіркий	[ɦirˈkij]	amargo (adj)
гірчиця (ж)	[ɦirˈtʃitsʲa]	mostaza (f)
горілка (ж)	[ɦoˈrilka]	vodka (m)
горіх (ч) волоський	[ɦoˈrih woˈlɔsʲkij]	nuez (f)
горіх (ч) кокосовий	[ɦoˈrih koˈkɔsowij]	nuez (f) de coco
горох (ч)	[ɦoˈrɔh]	guisante (m)
гранат (ч)	[ɦraˈnat]	granada (f)
грейпфрут (ч)	[ɦrɛjpˈfrut]	pomelo (m)
гречка (ж)	[ˈɦrɛtʃka]	alforfón (m)
гриб (ч)	[ɦrib]	seta (f)
груша (ж)	[ˈɦruʃa]	pera (f)
гусак (ч)	[ɦuˈsak]	ganso (m)
десерт (ч)	[dɛˈsɛrt]	postre (m)
джем (ч)	[dʒɛm]	confitura (f)
джин (ч)	[dʒin]	ginebra (f)
диня (ж)	[ˈdinʲa]	melón (m)
дичина (ж)	[ditʃiˈna]	caza (f) menor
дієта (ж)	[diˈɛta]	dieta (f)
жири (мн)	[ʒiˈri]	grasas (f pl)
жито (с)	[ˈʒito]	centeno (m)
жовток (ч)	[ʒowˈtɔk]	yema (f)
жувальна гумка (ж)	[ʒuˈwalʲna ˈɦumka]	chicle (m)
журавлина (ж)	[ʒurawˈlina]	arándano (m) agrio
з газом	[z ˈɦazom]	con gas
з льодом	[z lʲodom]	con hielo
закуска (ж)	[zaˈkuska]	entremés (m)
заморожений	[zamoˈrɔʒɛnij]	congelado (adj)
згущене молоко (с)	[ˈzɦuɕɛnɛ moloˈkɔ]	leche (f) condensada
зелений чай (ч)	[zɛˈlɛnij tʃaj]	té (m) verde
зелень (ж)	[ˈzɛlɛnʲ]	verduras (f pl)
зерно (с)	[zɛrˈnɔ]	grano (m)
зернові рослини (мн)	[zɛrnoˈwi rosˈlini]	cereales (m pl)
зморшок (ч)	[ˈzmɔrʃok]	colmenilla (f)

зубочистка (ж)	[zubo'tʃistka]	mondadientes (m)
ікра (ж)	[ik'ra]	caviar (m)
імбир (ч)	[im'bir]	jengibre (m)
індичка (ж)	[in'ditʃka]	pava (f)
інжир (ч)	[in'ʒir]	higo (m)
їжа (ж)	['jiʒa]	comida (f)
їстівний гриб (ч)	[jis'tiwnij ɦrib]	seta (f) comestible
йогурт (ч)	['jɔɦurt]	yogur (m)
кабачок (ч)	[kaba'tʃɔk]	calabacín (m)
кава (ж)	['kawa]	café (m)
кава (ж) з вершками	['kawa z wɛrʃ'kami]	capuchino (m)
кава (ж) з молоком	['kawa z molo'kɔm]	café (m) con leche
кавун (ч)	[ka'wun]	sandía (f)
калорія (ж)	[ka'lɔriʲa]	caloría (f)
кальмар (ч)	[kalʲ'mar]	calamar (m)
камбала (ж)	[kamba'la]	lenguado (m)
канапка (ж)	[ka'napka]	bocadillo (m)
капуста (ж)	[ka'pusta]	col (f)
капуста броколі (ж)	[ka'pusta 'brɔkoli]	brócoli (m)
карта (ж) вин	['karta win]	carta (f) de vinos
картопля (ж)	[kar'tɔplʲa]	patata (f)
картопляне пюре (с)	[kartop'lʲanɛ pʲu'rɛ]	puré (m) de patatas
качка (ж)	['katʃka]	pato (m)
каша (ж)	['kaʃa]	gachas (f pl)
квасоля (ж)	[kwa'sɔlʲa]	fréjol (m)
келих (ч)	['kɛlih]	copa (f) de vino
ківі (ч)	['kiwi]	kiwi (m)
кмин (ч)	[kmin]	comino (m)
ковбаса (ж)	[kowba'sa]	salchichón (m)
коктейль (ч)	[kok'tɛjlʲ]	cóctel (m)
колос (ч)	['kɔlos]	espiga (f)
кольорова капуста (ж)	[kolʲo'rɔwa ka'pusta]	coliflor (f)
кондитерські вироби (мн)	[kon'ditɛrsʲki 'wirobi]	pasteles (m pl)
консерви (мн)	[kon'sɛrwi]	conservas (f pl)
коньяк (ч)	[ko'nʲak]	coñac (m)
копчений	[kop'tʃɛnij]	ahumado (adj)
кориця (ж)	[ko'ritsʲa]	canela (f)
коріандр (ч)	[kori'andr]	cilantro (m)
короп (ч)	['kɔrop]	carpa (f)
краб (ч)	[krab]	cangrejo (m) de mar
креветка (ж)	[krɛ'wɛtka]	camarón (m)
крем (ч)	[krɛm]	crema (f) de mantequilla
крихта (ж)	['krihta]	miga (f)
кріль (ч)	[krilʲ]	conejo (m)
кріп (ч)	[krip]	eneldo (m)
крупа (ж)	[kru'pa]	cereales (m pl) integrales
кукурудза (ж)	[kuku'rudza]	maíz (m)
кукурудза (ж)	[kuku'rudza]	maíz (m)
кукурудзяні пластівці (мн)	[kuku'rudzʲani plastiw'tsʲi]	copos (m pl) de maíz
кунжут (ч)	[kun'ʒut]	sésamo (m)

курка (ж)	['kurka]	gallina (f)
кухня (ж)	['kuhnʲa]	cocina (f)
лавровий лист (ч)	[law'rɔwij list]	hoja (f) de laurel
лангуст (ч)	[lan'ɦust]	langosta (f)
лимон (ч)	[liˈmɔn]	limón (m)
лимонад (ч)	[limo'nad]	limonada (f)
лисичка (ж)	[li'sitʃka]	rebozuelo (m)
лід (ч)	[lid]	hielo (m)
лікер (ч)	[li'kɛr]	licor (m)
ліщина (ж)	[li'ɕina]	avellana (f)
ложка (ж)	['lɔʒka]	cuchara (f)
локшина (ж)	[lokʃi'na]	tallarines (m pl)
лосось (ч)	[lo'sɔsʲ]	salmón (m)
лящ (ч)	[lʲaɕ]	brema (f)
м'ясо (с)	['mʲʲaso]	carne (f)
майонез (ч)	[maʲo'nɛz]	mayonesa (f)
макарони (мн)	[maka'rɔni]	macarrones (m pl)
малина (ж)	[ma'lina]	frambuesa (f)
манго (с)	['manɦo]	mango (m)
мандарин (ч)	[manda'rin]	mandarina (f)
маргарин (ч)	[marɦa'rin]	margarina (f)
маринований	[mari'nɔwanij]	marinado (adj)
мармелад (ч)	[marmɛ'lad]	mermelada (f)
мед (ч)	[mɛd]	miel (f)
меню (с)	[mɛ'nʲu]	carta (f), menú (m)
мигдаль (ч)	[miɦ'dalʲ]	almendra (f)
мінеральна вода (ж)	[minɛ'ralʲna wo'da]	agua (f) mineral
молоко (с)	[molo'kɔ]	leche (f)
молочний коктейль (ч)	[mo'lɔtʃnij kok'tɛjlʲ]	batido (m)
морепродукти (мн)	[morɛpro'dukti]	mariscos (m pl)
морква (ж)	['mɔrkwa]	zanahoria (f)
морозиво (с)	[mo'rɔziwo]	helado (m)
мухомор (ч)	[muho'mɔr]	matamoscas (m)
начинка (ж)	[na'tʃinka]	relleno (m)
ніж (ч)	[niʒ]	cuchillo (m)
обід (ч)	[o'bid]	almuerzo (m)
овес (ч)	[o'wɛs]	avena (f)
овочі (мн)	['ɔwotʃi]	legumbres (f pl)
огірок (ч)	[oɦi'rɔk]	pepino (m)
ожина (ж)	[o'ʒina]	zarzamoras (f pl)
окіст (ч)	['ɔkist]	jamón (m) fresco
окунь (ч)	['ɔkunʲ]	perca (f)
оливки (мн)	[o'liwki]	olivas, aceitunas (f pl)
олія (ж) оливкова	[o'liʲa o'liwkowa]	aceite (m) de oliva
олія (ж) рослинна	[o'liʲa ros'lina]	aceite (m) vegetal
омлет (ч)	[om'lɛt]	tortilla (f) francesa
оселедець (ч)	[osɛ'lɛdɛts]	arenque (m)
осетрина (ж)	[osɛt'rina]	esturión (m)
отруйний гриб (ч)	[ot'rujnij ɦrib]	seta (f) venenosa
офіціант (ч)	[ofitsi'ant]	camarero (m)
офіціантка (ж)	[ofitsi'antka]	camarera (f)
оцет (ч)	['ɔtsɛt]	vinagre (m)

палтус (ч)	['paltus]	fletán (m)
папайя (ж)	[pa'paʲa]	papaya (f)
паприка (ж)	['paprika]	paprika (f)
паштет (ч)	[paʃ'tɛt]	paté (m)
перець (ч)	['pɛrɛts]	pimiento (m) dulce
персик (ч)	['pɛrsik]	melocotón (m)
петрушка (ж)	[pɛt'ruʃka]	perejil (m)
печиво (с)	['pɛtʃiwo]	galletas (f pl)
печінка (ж)	[pɛ'tʃinka]	hígado (m)
пиво (с)	['piwo]	cerveza (f)
пиріг (ч)	[pi'rih]	tarta (f)
питна вода (ж)	[pit'na wo'da]	agua (f) potable
підберезник (ч)	[pidbɛ'rɛznik]	boleto (m) áspero
підосичник (ч)	[pido'sitʃnik]	boleto (m) castaño
піца (ж)	['pitsa]	pizza (f)
поганка (ж)	[po'hanka]	oronja (f) verde
полуниця (ж)	[polu'nitsʲa]	fresa (f)
помідор (ч)	[pomi'dɔr]	tomate (m)
порічки (мн)	[po'ritʃki]	grosella (f) roja
порція (ж)	['pɔrtsiʲa]	porción (f)
приправа (ж)	[prip'rawa]	condimento (m)
присмак (ч)	['prismak]	regusto (m)
просо (с)	['prɔso]	mijo (m)
прохолодній напій (ч)	[proho'lɔdnij na'pij]	refresco (m)
прянощі (мн)	[prʲa'nɔɕi]	especia (f)
пшениця (ж)	[pʃɛ'nitsʲa]	trigo (m)
рахунок (ч)	[ra'hunok]	cuenta (f)
редька (ж)	['rɛdʲka]	rábano (m)
рецепт (ч)	[rɛ'tsɛpt]	receta (f)
риба (ж)	['riba]	pescado (m)
рис (ч)	[ris]	arroz (m)
ріпа (ж)	['ripa]	nabo (m)
родзинки (мн)	[ro'dzinki]	pasas (f pl)
розчинна кава (ж)	[roz'tʃina 'kawa]	café (m) soluble
ром (ч)	[rom]	ron (m)
салат (ч)	[sa'lat]	lechuga (f)
салат (ч)	[sa'lat]	ensalada (f)
сардина (ж)	[sar'dina]	sardina (f)
свинина (ж)	[swi'nina]	carne (f) de cerdo
свіжовижатий сік (ч)	[swiʒo'wiʒatij sik]	zumo (m) fresco
світле пиво (с)	['switlɛ 'piwo]	cerveza (f) rubia
селера (ж)	[sɛ'lɛra]	apio (m)
сир (ч)	[sir]	queso (m)
сироїжка (ж)	[siro'jiʒka]	rúsula (f)
сік (ч)	[sik]	zumo (m), jugo (m)
сіль (ж)	[silʲ]	sal (f)
скибка (ж)	['skibka]	loncha (f)
склянка (ж)	['sklʲanka]	vaso (m)
скумбрія (ж)	['skumbriʲa]	caballa (f)
слива (ж)	['sliwa]	ciruela (f)
смажений	['smaʒɛnij]	frito (adj)
смак (ч)	[smak]	sabor (m)

смачний	[smatʃ'nij]	sabroso (adj)
Смачного!	[smatʃ'nɔhɔ]	¡Que aproveche!
сметана (ж)	[smɛ'tana]	nata (f) agria
сніданок (ч)	[sni'danok]	desayuno (m)
солодкий	[so'lɔdkij]	azucarado, dulce (adj)
солоний	[so'lɔnij]	salado (adj)
сом (ч)	[som]	siluro (m)
соняшникова олія (ж)	['sɔnʲaʃnikowa o'liʲa]	aceite (m) de girasol
сосиска (ж)	[so'siska]	salchicha (f)
соус (ч)	['sɔus]	salsa (f)
сочевиця (ж)	[sotʃɛ'witsʲa]	lenteja (f)
соя (ж)	['sɔʲa]	soya (f)
спагеті (мн)	[spa'hɛti]	espagueti (m)
спаржа (ж)	['sparʒa]	espárrago (m)
столова ложка (ж)	[sto'lɔwa 'lɔʒka]	cuchara (f) de sopa
страва (ж)	['strawa]	plato (m)
судак (ч)	[su'dak]	lucioperca (f)
суниця (ж)	[su'nitsʲa]	fresa (f) silvestre
сушений	['suʃɛnij]	seco (adj)
сьомга (ж)	['sʲomha]	salmón (m) del Atlántico
тарілка (ж)	[ta'rilka]	plato (m)
телятина (ж)	[tɛ'lʲatina]	carne (f) de ternera
темне пиво (с)	['tɛmnɛ 'piwo]	cerveza (f) negra
тістечко (с)	['tistɛtʃko]	mini tarta (f)
томатний сік (ч)	[to'matnij 'sik]	jugo (m) de tomate
торт (ч)	[tort]	tarta (f)
тріска (ж)	[tris'ka]	bacalao (m)
тунець (ч)	[tu'nɛts]	atún (m)
устриця (ж)	['ustritsʲa]	ostra (f)
фарш (ч)	[farʃ]	carne (f) picada
фінік (ч)	['finik]	dátil (m)
фісташки (мн)	[fis'taʃki]	pistachos (m pl)
форель (ж)	[fo'rɛlʲ]	trucha (f)
фрукт (ч)	[frukt]	fruto (m)
хліб (ч)	[hlib]	pan (m)
холодний	[ho'lɔdnij]	frío (adj)
хрін (ч)	[hrin]	rábano (m) picante
цибуля (ж)	[tsi'bulʲa]	cebolla (f)
цукерка (ж)	[tsu'kɛrka]	caramelo (m)
цукор (ч)	['tsukor]	azúcar (m)
чай (ч)	[tʃaj]	té (m)
чайна ложка (ж)	['tʃajna 'lɔʒka]	cucharilla (f)
чайові (мн)	[tʃaʲo'wi]	propina (f)
часник (ч)	[tʃas'nik]	ajo (m)
чашка (ж)	['tʃaʃka]	taza (f)
червоне вино (с)	[tʃɛr'wɔnɛ wi'nɔ]	vino (m) tinto
червоний перець (ч)	[tʃɛr'wɔnij 'pɛrɛts]	pimienta (f) roja
черешня (ж)	[tʃɛ'rɛʃnʲa]	cereza (f)
чорна кава (ж)	['tʃorna 'kawa]	café (m) solo
чорна смородина (ж)	['tʃorna smo'rɔdina]	grosella (f) negra
чорний перець (ч)	['tʃornij 'pɛrɛts]	pimienta (f) negra
чорний чай (ч)	['tʃornij tʃaj]	té (m) negro

чорниця (ж)	[tʃorˈnitsʲa]	arándano (m)
шампанське (с)	[ʃamˈpansʲkɛ]	champaña (f)
шафран (ч)	[ʃafˈran]	azafrán (m)
шинка (ж)	[ˈʃinka]	jamón (m)
шкірка (ж)	[ˈʃkirka]	piel (f)
шматок (ч)	[ʃmaˈtɔk]	pedazo (m)
шоколад (ч)	[ʃokoˈlad]	chocolate (m)
шоколадний	[ʃokoˈladnij]	de chocolate (adj)
шпинат (ч)	[ʃpiˈnat]	espinaca (f)
штопор (ч)	[ˈʃtɔpor]	sacacorchos (m)
щука (ж)	[ˈɕuka]	lucio (m)
юшка (ж)	[ˈʲuʃka]	sopa (f)
яблуко (с)	[ˈʲabluko]	manzana (f)
ягода (ж)	[ˈʲaɦoda]	baya (f)
ягоди (мн)	[ˈʲaɦodi]	bayas (f pl)
яєчня (ж)	[jaˈɛʃnʲa]	huevos (m pl) fritos
язик (ч)	[jaˈzik]	lengua (f)
яйце (с)	[jajˈtsɛ]	huevo (m)
яйця (мн)	[ˈʲajtsʲa]	huevos (m pl)
яловичина (ж)	[ˈʲalowitʃina]	carne (f) de vaca
ячмінь (ч)	[jatʃˈminʲ]	cebada (f)

9 781786 169136